Sonja Dittrich, Klaus Laxander, Dr. Frank-Michael Müller

Grundwissen Entwicklung und Gesundheit

für die sozialpädagogische Erstausbildung:
Kinderpflege/Sozialassistenz

1. Auflage

Bestellnummer 50552

Bildungsverlag EINS

Haben Sie Anregungen oder Kritikpunkte zu diesem Produkt?
Dann senden Sie eine E-Mail an 50552_001@bv-1.de
Autoren und Verlag freuen sich auf Ihre Rückmeldung.

www.bildungsverlag1.de

Bildungsverlag EINS GmbH
Sieglarer Straße 2, 53842 Troisdorf

ISBN 978-3-427-50552-5

Inhaltsverzeichnis

Vorwort

Dieses Buch richtet sich vor allem an Schülerinnen und Schüler der Berufsfachschule für Kinderpflege sowie für den Ausbildungsgang zur Sozialassistentin und zum Sozialassistenten. Es soll die berufliche Handlungskompetenz und das Verständnis im Umgang von Kindern unterstützen.

Nachdem nun in allen Bundesländern nach Bildungs- oder Orientierungsplänen gearbeitet wird und sich lernfeldorientiertes Arbeiten mehr und mehr durchgesetzt hat, haben die Autoren ein den neuen Anforderungen gerechtes Buch verfasst. Konkrete Inhalte müssen jedoch den einzelnen länderspezifischen Besonderheiten angepasst und erweitert werden. Dieses Grundlagenwerk entbindet die Schülerinnen und Schüler nicht, sich mit weiterer Fachliteratur auseinander zu setzen.

Das Buch bezieht gerade auch die Entwicklung der unter 3-Jährigen mit ein. Die embryonale Entwicklung über den Säugling bis zum Kleinkind ist eine wichtige und prägende Zeit. Dabei versuchen die Autoren Theorie und Praxis eng miteinander zu verzahnen. Die Absicht der Autoren besteht darin, dass die Schülerinnen und Schüler den Alltag mit Kindern fachlich fundiert und professionell bewältigen können. Dabei finden Inhalte aus Gesundheit, Pädagogik, Psychologie und Soziologie Eingang in diesem Buch.

Wertvoll machen das Buch die zahlreichen Illustrationen, Abbildungen, Merksätze, Beispiele aus der Praxis und Vertiefungsfragen, die das Buch zu mehr als nur einem Theoriewerk machen. Ergänzt werden soll das Buch durch zahlreiches Begleitmaterial, das ab Frühjahr 2011 zur Verfügung stehen wird.

Zum Aufbau des Buches

Im ersten Teil geht es vor allem um die vorgeburtliche Entwicklung und die Schwangerschaft bis hin zur Geburt. Im zweiten Teil ist alles zu erfahren über die Gesundheit, Pflege und Angebote über und für den Säugling. Auch der Ernährung wird hier ein breiter Raum eingeräumt. Der dritte Teil behandelt die wichtigsten Kinderkrankheiten und geht auf Erste-Hilfe-Maßnahmen und Unfallverhütung ein.

Der letzte Teil beschreibt die Entwicklung (Motorik – Wahrnehmung – Sprache – Denkentwicklung – Sozial-emotionale – Autonomie – Moral) vom Säugling zum Kleinkind.

Aus Gründen der besseren Lesbarkeit werden im vorliegenden Buch die weibliche und männliche Sprachform überwiegend abwechselnd verwendet. Die jeweilige andere Form ist für uns selbstverständlich.

Die Autoren

Sonja Dittrich

Jahrgang 1959. Langjährige Berufstätigkeit als Krankenschwester und Diplompflegepädagogin (FH); zuletzt an der medizinischen Akademie der Universitätsklinik Freiburg. Nach dem Aufbaustudium in Erziehungswissenschaft und dem zweiten Staatsexamen berufstätig als wissenschaftliche Lehrerin für berufliche Schulen in den Bereichen Sozialpädagogik und Pflege. Mein spezieller Dank gilt Karl Peter Kendzia, der mir mit Rat und Tat zur Seite stand.

Klaus Laxander

Jahrgang 1953. Im Erstberuf Großhandelskaufmann. Danach Ausbildung zum staatlich anerkannten Erzieher mit anschließendem Studium der Sozialpädagogik. Danach 3-jährige Tätigkeit in einer Tagesgruppe. Seit 1990 Lehrer in der Erzieherausbildung, 1995 erfolgreicher Abschluss des Aufbaustudiums zum Diplompädagogen.

Dr. Frank-Michael Müller

Jahrgang 1956. Doktor der Agrarwirtschaft und Diplomingenieur für Weinbau und Kellerwirtschaft, verschiedene Tätigkeiten in der Industrie, seit 1990 Lehrer in den Bereichen Weinbau, Biologie, Datenverarbeitung, Chemie, Altenpflege, Biotechnologie und Bioinformatik an Berufsschulen und beruflichen Gymnasien.

1 Von der Zelle zum Menschen

1.1 Eireifung und Eisprung

Die Eizellen entwickeln sich bei der Frau in den Eierstöcken. Schon während ihrer eigenen Embryonalentwicklung wandern die Ur-Eizellen in die Eierstöcke und vermehren sich dort durch Zellteilung. Bereits im dritten Monat nach der Befruchtung vergrößern sich die etwa 200.000 Ur-Eizellen pro Eierstock und wachsen zum sogenannten Primärfollikel (Ur-Eibläschen) heran. Diese haben einen Durchmesser von etwa 0,045 mm. Bis zur Geschlechtsreife überdauern diese Primärfollikel ohne Veränderung.

Mit der ersten Menstruationsblutung beginnt etwa im Alter von zehn bis zwölf Jahren der erste Zyklus. Dabei entspricht der erste Tag der Blutung dem ersten Zyklustag.

Unter dem Einfluss von Hypophysenhormonen entwickelt sich dann abhängig vom weiblichen Zyklus pro Monat im Normalfall jeweils eine befruchtungsfähige **Eizelle** von etwa 0,15 mm Größe, die sich noch im reifen Follikel (etwa 22 mm) befindet. Im Follikel werden neben der Eireifung noch die Hormone Östrogen und Progesteron (Gestagen) gebildet und ausgeschüttet. Progesteron erhöht unter anderem die Körpertemperatur um etwa ein halbes Grad Celsius. Die Temperaturerhöhung signalisiert den Eisprung und leitet die zweite Zyklus-Hälfte ein. Parallel dazu wird die Gebärmutterschleimhaut aufgebaut und damit auf eine Schwangerschaft vorbereitet.

*Exkurs: Bei der Eireifung werden die Ur-Eizellen meiotisch geteilt, das heißt der ursprüngliche **doppelte Chromosomensatz** mit 46 Chromosomen wird auf zwei Zellen mit jeweils 23 Chromosomen verteilt. Jeder Mensch bekommt bei der Befruchtung jeweils 23 Chromosomen von seiner Mutter und 23*

E

*Chromosomen von seinem Vater. Dabei entsprechen sich jeweils zwei Chromosomen, man spricht von **gleichartigen Chromosomen**. Diese passen bezüglich Form, Struktur und ihrer Genabfolge zueinander. Da von Mutter und Vater meist unterschiedliche Erbanlagen, sogenannte Gene weitergegeben werden, sind die homologen Chromosomen nicht identisch. Bei den allelen (sich entsprechenden) Genen treten sowohl identische*

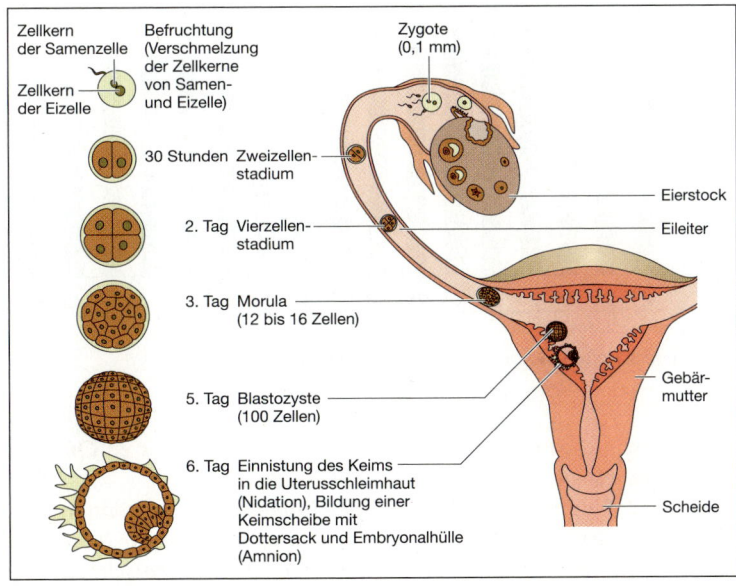

Eisprung und Befruchtung

als auch unterschiedliche Erbinformationen auf. Bei dem ersten Teil der **Meiose** werden in der ersten Reifeteilung die homologen Chromosomen zufällig auf die zwei neuen Zellen verteilt. Zuvor kommt es noch zu einem Stückaustausch einzelner DNA-Bereiche zwischen den homologen Chromosomen, was man als Crossing-over bezeichnet. Durch Crossing-over und Zufallsverteilung kommt es zu einer Neuverteilung, d. h. **Rekombination** des genetischen Materials.

Für die Eireifung ist auch das follikelstimulierende Hormon (FSH) verantwortlich. Dabei entwickelt sich das Primärfollikel zum reifen Follikel.
Während im Follikel das Hormon Gestagen gebildet und angesammelt wird, scheidet der Follikel auch das Hormon Östrogen in den Blutkreislauf aus. Östrogen ist für den Aufbau der Gebärmutterschleimhaut zuständig und verursacht kurz vor dem Eisprung eine Veränderung des Zervixschleims und des Gebärmutterhalses. Der Zervixschleim wird dünnflüssiger und der Gebärmutterhals öffnet sich einige Millimeter, so dass die Samenzellen zunächst in die Gebärmutter und dann in die Eileiter eindringen können.

Mit dem **Eisprung** wird das befruchtungsfähige Ei in den Eileiter entlassen. Ab hier ist es meist zwölf Stunden, maximal 24 Stunden befruchtungsfähig. Die Befruchtung erfolgt oft direkt nach dem Eisprung, da die männlichen Spermien bereits am oberen Ende der Eileiter vor den jeweiligen Eierstöcken auf den Eisprung warten. Dabei können die Spermien etwa drei Tage, maximal aber sechs Tage überleben.
Mit zunehmendem Alter der Frauen vermindert sich die Chance auf eine gesunde, reife Eizelle, was sich auch in einer geringeren Schwangerschaftsrate und einer erhöhten Fehlgeburtsrate zeigt. Auch steigt die Wahrscheinlichkeit einer genetischen Veränderung der Nachkommen.

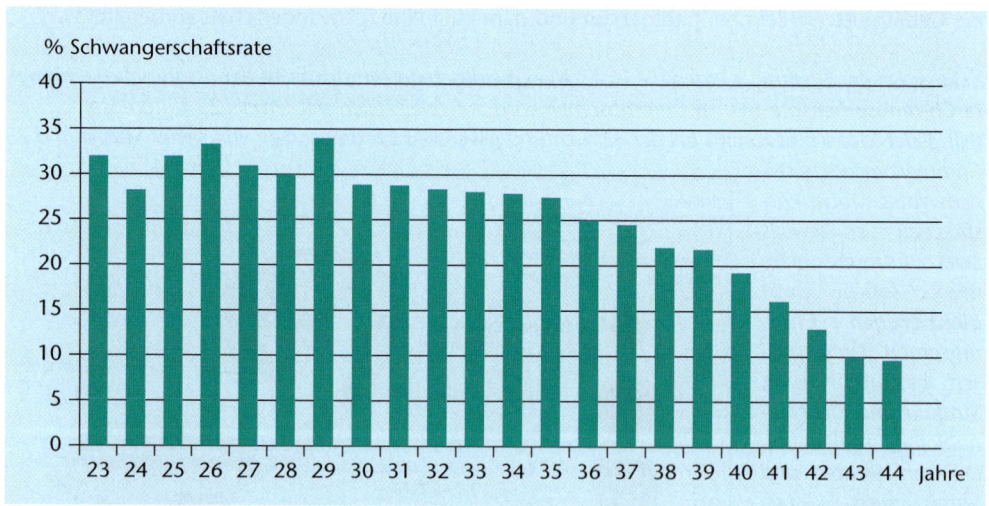

Schwangerschaften in Abhängigkeit vom Lebensalter der Frauen

Merke!
Eine menschliche Körperzelle enthält in ihrem Zellkern 2 x 23 Chromosomen, von denen jeweils 23 von der Eizelle und 23 von der Samenzelle stammen.
Jeweils 22 Chromosomen sind Körperchromosomen, sogenannte Autosomen. Das fehlende Chromosom ist für die Geschlechtsausbildung verantwortlich und heißt Gonosom. Alle Frauen haben ein X-Chromosom in ihrer Eizelle, die Spermien entscheiden mit einem X-Chromosomen für eine weibliche oder mit einem Y-Chromosom für eine männliche Entwicklung des Embryos.

1.2 Spermienbildung

Die männlichen Samenzellen bilden sich in den Hoden ab der Geschlechtsreife (Pubertät) mit etwa 12 bis 18 Jahren bis hin ins hohe Alter.

Im Gewebe der Hoden befinden sich Keimzellen, aus denen sich im Verlauf von etwa 65 Tagen die Spermien ähnlich wie in den Eierstöcken, entwickeln. Pro Tag bilden sich dort rund drei Millionen Spermien neu, die in den aufliegenden Nebenhoden gesammelt werden. Bei der Ejakulation (Samenerguss) werden etwa 200 Millionen Spermien aus den Nebenhoden über die Samenleiter freigesetzt.

Mit zunehmendem Alter ab etwa 40 Jahren lässt auch bei Männern die Spermienproduktion langsam nach.

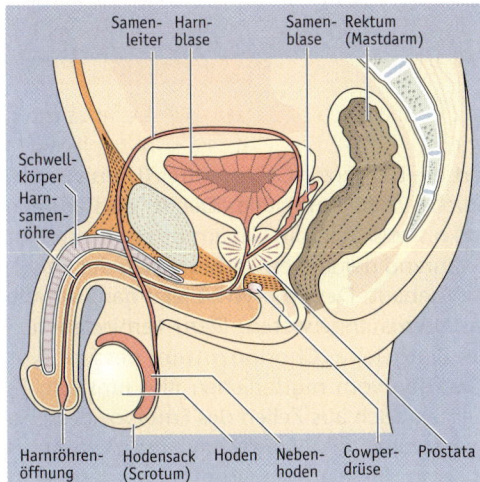

Männliche Geschlechtsorgane

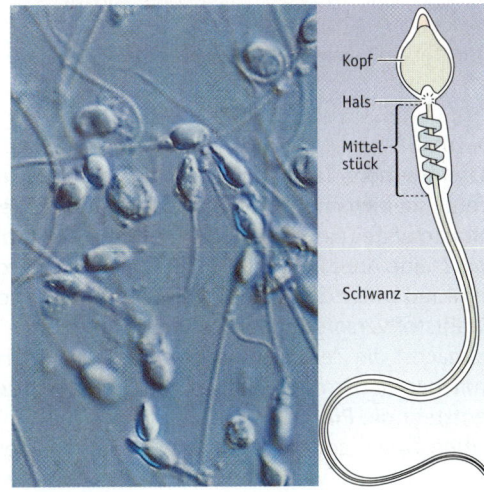

Spermien

Merke!
Die Eizelle ist nach dem Eisprung etwa zwölf Stunden befruchtungsfähig. Die Samenzelle kann noch drei Tage nach dem Samenerguss eine Eizelle befruchten.
Die befruchtete Eizelle wandert im Eileiter innerhalb von etwa sechs Tagen unter mehrfachen Zellteilungen zum Uterus, um sich dort einzunisten.

M

1.3 Befruchtung

Bei der Befruchtung verschmilzt eine männliche Samenzelle mit der weiblichen Eizelle. Wie bereits in Kapitel 1.1 erwähnt, erwarten die Spermien den Eisprung meist im oberen Bereich des Eileiters. Im Normalfall kann nur ein Spermium die Eihülle durchdringen. Nach der Vereinigung der Kerne spricht man von einer **Zygote**.

Zygote: befruchtete Eizelle, entstanden nach der Verschmelzung der Kerne aus Eizelle und Samenzelle.

D

Exkurs: Da sowohl die Eizelle als auch die Samenzelle aufgrund der vorausgegangenen meiotischen Teilung nur 23 Chromosomen besitzen, vermischen sich die elterlichen Erbinformationen zu einem doppelten Chromosomensatz mit 46 Chromosomen. Hierdurch sind erheblich mehr Kombi-

nationen möglich als Menschen auf der Erde leben. Diese genetische Vielfalt der Keimzellen bildet die Grundlage unserer Individualität und bildet unter anderem den Motor der Evolution.

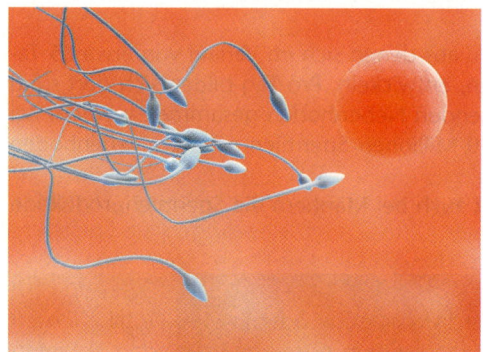 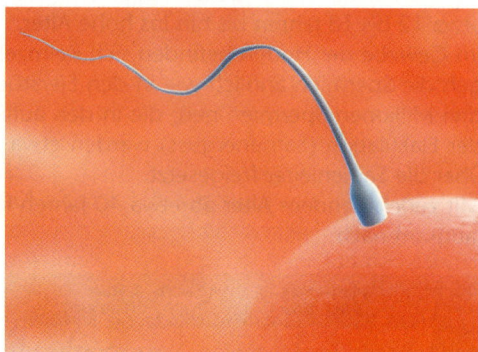

Befruchtung der weiblichen Eizelle

Drei bis sechs Tage nach der Befruchtung wandert die Eizelle zur Gebärmutter (Uterus) während sie sich mehrfach mitotisch (ungeschlechtliche Zellteilung) teilt. Die so entstandene **Blastozyste** (eine Hohlkugel im Mehrzell-Stadium) nistet sich in die Gebärmutterschleimhaut ein (siehe Abb. in Kapitel 1.1, S. 7). Diese wurde während der letzten 14 Tage nach der Regelblutung unter dem Einfluss von Hormonen neu aufgebaut. Der Embryo ist jetzt ganz auf die Nährstoffversorgung durch die Mutter über den Uterus angewiesen. Dazu verbinden sich zunächst die Zellen und später Ausstülpungen der Blutgefäße (**Chorionzotten**) des Embryos mit der Gebärmutterschleimhaut. Diese Zotten werden vom mütterlichen Blut umspült. Es entsteht die **Plazenta**, die sowohl aus mütterlichen als auch aus Zellen des Embryos besteht. Über diesen sogenannten Mutterkuchen, der später über die Nabelschnur mit dem Fetus verbunden ist, werden Nährstoffe und Stoffwechselprodukte ausgetauscht, ohne dass es zu einer Vermischung des Blutes von Mutter und Kind kommt.

Die Plazenta versorgt das ungeborene Kind mit Vitaminen, Nährstoffen, Wasser und Sauerstoff, sie entsorgt Kohlendioxid und andere Abfallprodukte des kindlichen Stoffwechsels, sie kontrolliert die Aufnahme von mütterlichen Antikörpern gegen diverse Krankheitserreger und filtert Giftstoffe aus dem Blut der Mutter mittels der Plazentaschranke. Diese Plazentaschranke filtert Stoffe in Abhängigkeit von ihren chemischen Eigenschaften und ihrer Größe. Trotzdem können einige Gifte aus dem mütterlichen Blutkreislauf wie z. B. Alkohol und Nikotin die Plazentaschranke passieren. Auch Medikamente, die die Mutter einnimmt, können ungewollt auf das Kind einwirken.

Neben der Filter- und der Versorgungsfunktion bildet die Plazenta auch noch Hormone z. B. Progesteron, die das Wachstum der Gebärmutter und den Erhalt der Schwangerschaft bewirken.

Der Nachweis der Schwangerschaft erfolgt im Allgemeinen über das Schwangerschaftshormon hCG (humanes Chorion-Gonadotropin). Mittels frei verkäuflichen Schwangerschafts-Frühtests nach dem Ausbleiben der Periode kann über den Nachweis von hCG eine Schwangerschaft sehr genau vorhergesagt werden.
Die größte Sicherheit bietet allerdings eine Blutuntersuchung, die das Hormon hCG bereits nach etwa zehn Tagen im Blutserum nachweisen kann.

Mitose, mitotisch: auch ungeschlechtliche oder vegetative Zellteilung genannt. Bei einer mitotischen Zellteilung entstehen durch vorausgegangene Verdopplung der Chromosomen wieder diploide Tochterzellen mit gleicher Erbinformation.

Meiose, meiotisch: auch geschlechtliche oder generative Zellteilung genannt. Bei der meiotischen Zellteilung entstehen Geschlechtszellen mit haploidem (einfachem) Chromosomensatz mit gemischter Erbinformation.

Künstliche Befruchtung

Zunehmend bleibt heutigen Paaren der Kinderwunsch versagt. Trotz gesunder Eierstöcke kann z. B. ein Eileiterverschluss zur Unfruchtbarkeit führen. Auch eine zu geringe Spermienproduktion oder Schädigung der Spermien durch Umweltgifte kann beim Mann eine erfolgreiche Befruchtung verhindern.

In diesen Fällen kann die moderne Medizin über Insemination oder In-Vitro-Fertilisation oft den Kinderwunsch erfüllen. Voraussetzung für beide Verfahren sind eine gesunde Gebärmutter, die Bildung von befruchtungsfähigen Eizellen und zumindest noch geringe Mengen an funktionellen Spermien.

Bei der **Insemination** werden die Spermien durch den Gebärmutterhals direkt in die Gebärmutter oder sogar in den oberen Bereich der Eileiter eingespritzt. Dabei werden die vorhergehende Eireifung und der Eisprung mittels Hormonen stimuliert und per Ultraschall Untersuchung nachgewiesen. Die anschließende Befruchtung und Einnistung in die Gebärmutterschleimhaut erfolgt natürlicher Weise ohne Hilfe.

Die **In-Vitro-Fertilisation** (IVF) verlagert die Befruchtung außerhalb des Mutterleibes in ein Glasgefäß mit spezieller Nährlösung. Auch hier wird die Mutter zunächst mit Hormonen zur Bildung von mehreren reifen Eizellen angeregt. Diese werden jedoch unter Ultraschall-Überwachung mit einer Spritze abgesaugt und einzeln in der Nährlösung mit den Spermien zusammengebracht. Erfolgt eine Befruchtung, teilt sich die Eizelle im Verlauf von einigen Tagen bis zur Blastozyste. Maximal drei dieser Embryos werden nun mit dem Ziel in die Gebärmutter

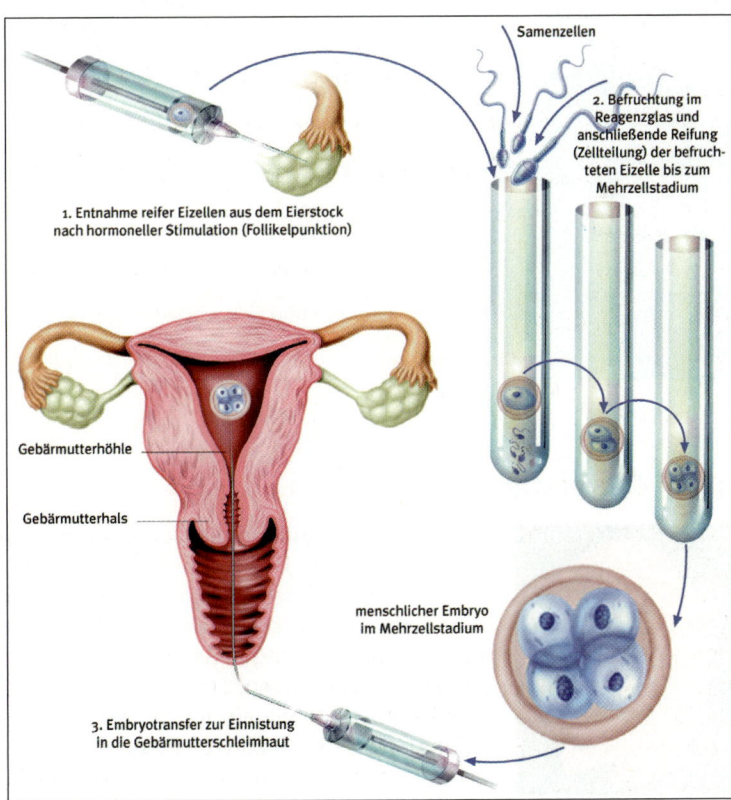

Samenzellen

2. Befruchtung im Reagenzglas und anschließende Reifung (Zellteilung) der befruchteten Eizelle bis zum Mehrzellstadium

1. Entnahme reifer Eizellen aus dem Eierstock nach hormoneller Stimulation (Follikelpunktion)

Gebärmutterhöhle

Gebärmutterhals

menschlicher Embryo im Mehrzellstadium

3. Embryotransfer zur Einnistung in die Gebärmutterschleimhaut

Ablauf der In-Vitro-Fertilisation

eingesetzt, dass sich mindestens einer in der Gebärmutter einnistet und eine Schwangerschaft entsteht.

In manchen Fällen ist die Beweglichkeit der Spermien stark eingeschränkt, weshalb auch im Reagenzglas keine Befruchtung erfolgt. In diesen Fällen kann man ein Spermium direkt in die Eizelle injizieren. Bei erfolgreicher Einnistung unterscheidet sich der weitere Schwangerschaftsverlauf nicht von einer natürlichen Schwangerschaft.

Merke!
Bei Unfruchtbarkeit eines Paares kann mithilfe der modernen Medizin oft eine künstliche Befruchtung den Kinderwunsch erfüllen.

1.4   Entwicklung im Mutterleib

Zygote	1. Tag	Befruchtung	0,1 mm
Keim	1. Woche	Zellteilungen mit anschließender Einnistung in die Gebärmutter	0,1–2 mm
Embryo (3.–9.Woche)	1. Monat	Bildung der Plazenta Anlage der Organe	8 mm
	2. Monat	Organbildung abgeschlossen Herz und Nervensystem funktionell	4 cm
Fetus (10. Woche bis Geburt)	3. Monat	Geschlecht äußerlich erkennbar	9 cm
	4. Monat	Knochen erkennbar, Bewegungen spürbar	16 cm
	5. Monat	Haarbildung sichtbar	25 cm
	6. Monat	Haut rötlich, flaumartig behaart	30 cm
	7. Monat	Augen offen, als Frühgeborenes lebensfähig	35 cm
	8. Monat	Größen- und Gewichtszunahme	40 cm
	40. Woche	Geburt	50 cm

1.4.1 Die ersten acht Wochen

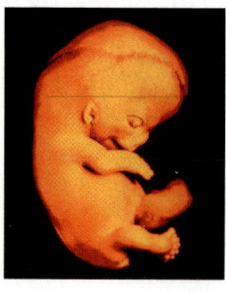

Embryo in der 7. Woche

Nach der Einnistung in die Gebärmutter organisieren sich die Zellen in zwei Gruppen. Der Trophoblast (Kugelhülle) ist für die Einnistung und Versorgung des Embryos zuständig, aus dem innen liegenden Embryoblast entwickelt sich der Embryo. In der Gebärmutter entwickeln sich neue Blutgefäße, die zusammen mit dem Trophoblasten die Plazenta aufbauen. Der Embryo wird im Ultraschall mit bloßem Auge sichtbar (etwa ein Millimeter nach zwei Wochen). Der sogenannte Dottersack bildet eigene Blutgefäße, die sich zur Nabelschnur vereinigen. Nervensystem und Herz beginnen sich zu entwickeln.

In der dritten Woche werden die Organsysteme wie Leber, Darm, Lunge, Magen und Nieren angelegt, in der vierten Woche sind Arme, Beine sowie Augen und Ohren erkennbar.

Bereits in der fünften Woche schlägt das Herz mit etwa 150 Schlägen pro Minute und pumpt selbst erzeugtes Blut.

Eine Woche später sind bereits Hirnströme messbar und der Embryo kann Umgebungsinformationen wie Druck und Temperaturunterschiede erfassen. Skelett und Muskeln beginnen sich auszubilden. Bis zur achten Woche sind alle Organe vorhanden. Netzhaut und Gleichgewichtssinn sind entwickelt, die Zahnanlagen werden sichtbar, der Embryo kann bereits Fruchtwasser schlucken und hat seine individuellen Fingerabdrücke. Mit etwa vier Zentimeter Größe muss er jetzt hauptsächlich wachsen.

Merke!
Bereits ab der sechsten Woche ist der Embryo mit allen Organen, inklusive eines Gehirns, das Umgebungsinformationen registriert, ausgestattet.

1.4.2 Die weitere Entwicklung

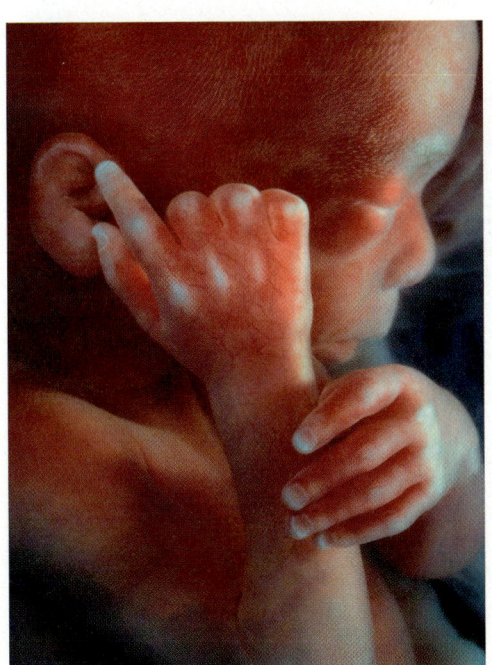

ca. 20 Wochen alt

Der Fetus bewegt jetzt Arme und Beine, versucht zu greifen oder lutscht am Daumen. Er trinkt Fruchtwasser, das über die funktionsfähigen Nieren wieder abgegeben wird. Haare und Nägel wachsen, das Gehirn registriert Schallwellen und andere Umwelteinflüsse. Schmerzempfindlichkeit und Lernfähigkeit sind deutlich ausgeprägt.

Die Bewegungen des Kindes werden intensiver und es hat Wach- und Schlaf-Phasen ähnlich denen seiner Mutter. Kreislaufsystem, Nervensystem und Lungenfunktion sind bis zur 28. Woche vollständig entwickelt. Bis zur Geburt wächst das Baby bis auf etwa 50 cm, das Immunsystem und die Reflexe bilden sich aus, der Fötus reagiert auf Umweltreize und entwickelt Persönlichkeit.

Das Baby schläft die meiste Zeit im Mutterleib. In der 36. Woche bereitet sich das Kind auf die Geburt vor. Der Kopf senkt sich in Richtung Becken, sodass er zuerst den Geburtskanal passieren kann. In der 40. Woche ist es dann soweit. Die Geburt kündigt sich zunächst durch unregelmäßig auftretende krampfartige Kontraktionen der Gebärmutter an. Diese werden wiederum durch hormonelle Steuerung ausgelöst. Die Geburt findet üblicherweise etwa 268 Tage nach der Befruchtung bzw. 280 Tage nach der letzten Monatsblutung statt. Dieser errechnete Termin wird aber je nach Entwicklungszustand des Fetus um zwei oder sogar mehr Wochen unter- oder überschritten.

Merke!
Der Geburtstermin, errechnet mit 280 Tagen nach der letzten Monatsblutung, kann durchaus auch zwei Wochen früher oder später liegen.

Entwicklung der Sinne im Mutterleib

System	Reize	Rezeptorgan	Empfindung	funktional
Hautsinne	Druck, Vibration	Meissnersche Tastkörperchen	Berührung	8. SSW
	Temperatur-differenz	Krausesche Körperchen	Wärme, Kälte	26.–40. SSW
		freie Nerven-endigungen	Schmerz	26.–40. SSW
	Intensive Reize			
Kinästetischer, statischer und propriozeptiver Sinn	Lageverände-rung, Bewegung	Vater-Pacini-Körperchen in tiefen Haut-schichten	Eigenbewegung, Körperstellung, Raumlage	16. SSW
		Spannungsrezep-toren in Muskel- und Sehnenspin-deln		
	Kopfbewegung	Vestibularapparat im Innenohr		
Chemische Sinne	Chemische Substanzen in wässriger Lösung	Geschmacksknos-pen der Zunge	Geschmack	26.–40. SSW
	Chemische Substanzen in Gasform	Riechepithel im Nasendach	Geruch	26.–40. SSW
Gehör	Mechanische Vibrationen 20–20 000 Hz	Corti-Organ im Innenohr	Töne, Klänge Geräusche	25. SSW
Gesichtssinn	Elektromagneti-sche Wellen 400–760 nm	Netzhaut im Auge	Licht, Farben, Muster	26.–40. SSW

Überblick üfer die Sinnessysteme des Menschen nach Faller (vgl. Kaufmann-Hayot, 1989, S. 404)

1.4.3 Untersuchungsverfahren

Im Rahmen der Vorsorgeuntersuchungen werden der Verlauf der Schwangerschaft und der Entwicklungsverlauf des Kindes regelmäßig beim Frauenarzt, häufig in Zusammenarbeit mit einer Hebamme kontrolliert.

Ultraschalluntersuchungen finden in der Frühschwangerschaft (um die 10. Woche), in der 20.–23. Schwangerschaftswoche (SSW) und in der 30. SSW statt, bei Verdacht auf Fehlent-wicklungen werden auch weitere Untersuchungen durchgeführt. Dabei werden der Zustand des Fetuses, das Fruchtwasser, die Organe und Extremitäten und die Durchblutung kontrol-liert. Auch die Größe des Kindes sowie das Wachstum des Gehirns und die Nackenfalte (als Hinweis für das Down-Syndrom) werden beurteilt.

Im ersten Drittel der Schwangerschaft wird der **Ersttrimester-Test** durchgeführt, um das Gesamtrisiko von möglichen Behinderungen wie z. B. Chromosomenanomalien (oft in Verbindung mit Herzfehlern) zu bestimmen. Dabei wird mittels Ultraschall die Nackentransparenz des Embryos bestimmt. Außerdem werden die Schwangerschaftshormone HCG und Östriol sowie zwei Eiweiße (PAPP-A, AFP) zur Beurteilung herangezogen. Obwohl dieser Test eine höhere Aussagekraft hat als der frühere Triple-Test, kann auch er nur als Hinweis auf eine mögliche Störung dienen.

Beim **Down Syndrom** kommt das Chromosom Nummer 21 dreifach (sogenannte Trisomie 21) vor. Diese Fehlverteilung der Erbanlagen führt von geringen bis hin zu schwersten Schädigungen der Frucht. Mit zunehmendem Alter der Mutter steigt das Risiko einer Trisomie.

Bei älteren Müttern oder bei bekannten familiären Erbkrankheiten, bietet sich neben den regulären Untersuchungen beim Gynäkologen auch eine erweiterte Diagnostik an.

Mit dieser sogenannten **pränatalen** (vorgeburtliche) **Diagnostik (PND)** können fetale Erkrankungen im Mutterleib sehr sicher festgestellt werden. Man unterscheidet zwischen:

- **Chorionzottenbiopsie** in der 10. bis 13. SSW
  Hier wird mittels einer Punktionsnadel Gewebe aus der Plazenta entnommen. Diese Biopsie kann bei Stoffwechselerkrankungen und Erbkrankheiten angewandt werden, wenn z. B. ein früher Befund gewünscht wird. Meistens wird der Eingriff durch die Bauchdecke durchgeführt, da über die Scheide ein größeres Infektionsrisiko besteht. Das Risiko einer Fehlgeburt infolge der Untersuchung liegt bei ca. ein bis drei Prozent.

- **Fruchtwasseruntersuchung** (Amniozentese) in der 14. bis 20. SSW
  Das Fruchtwasser enthält kindliche Zellen, die Entnahme von circa 15–25 ml Fruchtwasser erfolgt über Punktion durch die Bauchdecke. Die Ergebnisse liegen circa nach zwei Wochen vor, allerdings ergeben zwei Schnelltests bereits nach 24 bis 48 Stunden verwertbare Ergebnisse. Das Risiko einer Fehlgeburt liegt mit 0,3 bis ein Prozent erheblich niedriger, da die Untersuchung unter permanenter Ultraschallkontrolle durchgeführt wird.

- **Nabelschnurpunktion** (Chordozentese) in der 18. bis 20. SSW
  Die Entnahme von kindlichem Blut aus der Nabelschnur des Kindes im Mutterleib ab der 18. Schwangerschaftswoche liefert schon nach etwa sieben Tagen Ergebnisse. Sie wird nur durchgeführt bei Verdacht auf Infektionen, z. B. durch Viren, wie Röteln oder HIV. Das Risiko einer Fehlgeburt liegt bei etwa 1,5 Prozent.

Weiterführende Informationen erhalten Sie z. B. bei der Bundeszentrale für gesundheitliche Aufklärung (BZgA) im Internet unter www.bzga.de oder bei Ihrer Krankenkasse.

1.5 Geburt

Mit dem Beginn der regelmäßigen Wehen ist es für die Eltern an der Zeit, sich intensiv auf die Geburt vorzubereiten. In Deutschland werden die meisten Kinder in einem Krankenhaus geboren. Aber auch die **Hausgeburt** spielt zunehmend wieder eine Rolle.

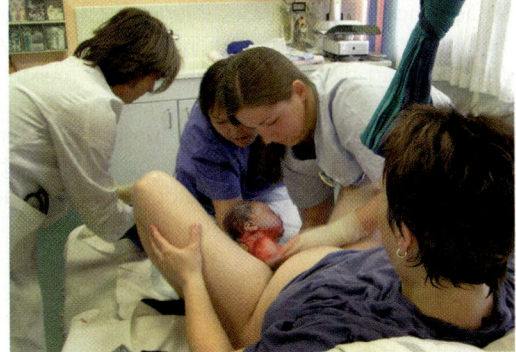

1.5.1 Geburtsort

Für eine **Klinikgeburt** spricht, dass im Notfall ein Ärzteteam und moderne Technik schnell zur Verfügung stehen. Insbesondere wenn das Kind nicht in der sogenannten Hinterhauptslage, d. h. mit dem Kopf in Richtung Geburtskanal liegt, ist eine Klinikgeburt zu bevorzugen. Sehr wenige Babys liegen in der Steiß- oder Beckenendlage oder sogar quer zur Gebärmutter. Das Kind lässt sich dann vor der Geburt nicht immer durch die Hebamme oder Arzt in die Kopflage drehen. Bei einer vaginalen Entbindung kann es in diesem Fall während der Austreibungsphase zu akutem Sauerstoffmangel bei dem Neugeborenen kommen, da die Nabelschnur abgeklemmt wird. Dies erfordert eine sofortige Operation (Kaiserschnitt).

Einige Frauen legen allerdings Wert auf eine familiäre Atmosphäre und wählen als Entbindungsort die gewohnte Frauenarztpraxis, Geburtshäuser oder die eigenen vier Wände. Sofern keine Risikoschwangerschaft vorliegt und die Rahmenbedingungen stimmen, ist die Hausgeburt eine mögliche Alternative. Hier sollten die Hebammen besonders gut ausgebildet, ausgestattet und vorbereitet sein, eine Klinik sollte für Notfälle innerhalb kürzester Zeit erreichbar sein und auch die Schwangere sollte gesundheitlich fit sein.
Ein Mittelweg wäre die Ambulante Geburt. Die Schwangere entbindet in der Klinik und ist so für Notfälle medizinisch optimal versorgt. Ist alles in Ordnung, geht die Mutter mit ihrem Kind nach einigen Stunden nach Hause. Wichtig ist, dass eine Nachsorgehebamme und ein Kinderarzt zu Hause zur Verfügung stehen bzw. erreichbar sind.

1.5.2 Geburtsablauf

Die ersten Wehen beginnen häufig bereits in der 37. Schwangerschaftswoche. Hier wird jedoch zunächst nur die Gebärmuttermuskulatur trainiert, und das Kind in die richtige Geburtslage – Kopf nach unten in Richtung Gebärmutterhals – geschoben. Kehren die Wehen in etwa 10-minütigen Abständen wieder, sollte die Klinik oder der festgelegte Geburtsort aufgesucht werden.
Der Geburtstermin steht unmittelbar bevor, wenn die etwa 30 Sekunden langen **Eröffnungswehen** sich im 5-Minuten-Abstand oder kürzer wiederholen. Der Muttermund beginnt sich langsam zu öffnen, wobei ein blutig eingefärbter Schleimpfropf abgegeben wird. Oft zeigt auch ein Platzen der Fruchtblase die bevorstehende Geburt an. Diese dauert individuell zwischen vier Stunden bis hin zu 15 Stunden bei Erstgebärenden.
Die **Austreibungsphase** beginnt mit der vollständigen Öffnung des Muttermundes, die Wehenfrequenz erhöht sich, und der Kopf des Kindes löst im Geburtskanal einen reflektorischen Pressdrang bei der Frau aus. Spätesten jetzt öffnet sich die Fruchtblase und die verformbaren Schädelknochen des Kindes werden in den engen mütterlichen Geburtskanal gedrückt. Mit dem Einsetzen der Presswehen wird der Kopf zum Scheidenausgang gedrückt und durchdringt alsbald die Scheide. Jetzt ist das meiste geschafft, da der nachfolgende Körper auf Grund seiner besseren Verformbarkeit den Geburtskanal zügig verlässt.
In der **Nachgeburtsphase** wird in den nächsten etwa 15 Minuten die Plazenta (Mutterkuchen/Nachgeburt) von der Gebärmutterwand abgelöst und ausgestoßen. Dabei entsteht ein Blutverlust von knapp einem halben Liter. Die Nachgeburt muss vollständig sein, damit später keine Infektionen bei der Mutter auftreten.

Merke!
Die Geburt gliedert sich in drei Phasen: Eröffnungsphase, Austreibungsphase und Nachgeburtsphase.

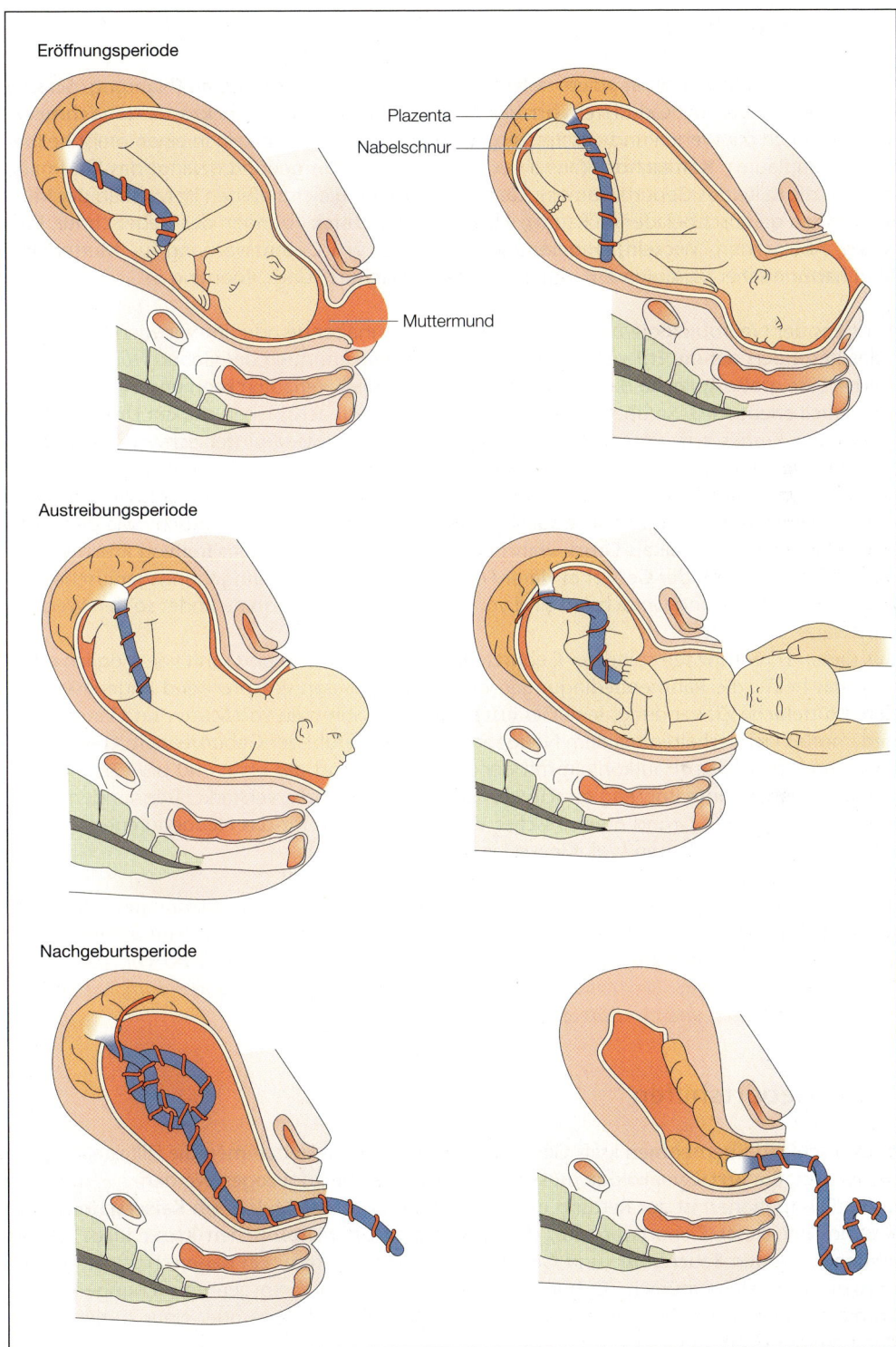

Eröffnungsperiode

Plazenta

Nabelschnur

Muttermund

Austreibungsperiode

Nachgeburtsperiode

Die Phasen des Geburtsverlaufs

1.5.3 Auswirkungen auf das Kind

Das Kind wächst zunächst in einem nahezu paradiesischen Zustand heran (Nahrung, Schutz, Fruchtwasser). Bei der Geburt erfährt das Kind gleich mehrere Schockzustände: **Schmerzschock** (durch die Wehen und das Pressen); **Lichtschock** (vom Dunkeln in einen meist hellbeleuchteten Raum); **Kälteschock** (aus einer 37 °C warmen Umgebung gelangt das Kind nass, nackt in die Kälte des Geburtsraumes); **Lärmschock** (vom gleichmäßigen Herzschlag der Mutter in einen geräuschbeladenen Raum); **Abnabelungsschock** (Trennen der Nabelschnur, Waschen, Abtrocknen, Wickeln). Heutzutage kann vieles am Geburtsvorgang für Mutter und Kind harmonischer verlaufen z. B. durch die „Sanfte Geburt" und „Rooming-in".

Es ist aus der Neurobiologie bekannt, dass sich lang anhaltende oder immer wiederkehrende Reize besonders auf die Entwicklung des Gehirns auswirken. Auch der Geburtsvorgang spielt hierbei eine große Rolle, da die Geburt sehr unterschiedlich verlaufen kann und von dem Kind individuell erlebt wird. So üben die Gebärmutterwände zunächst einen starken Druck auf den Körper des Kindes aus, unterstützt durch die Wehen. Vom Gefühl der Schwerelosigkeit im Fruchtwasser wirkt nach der Geburt die Schwerkraft. Dabei wechselt die Umgebung von dunkel und feucht nach hell und trocken. Auch die Akustik verändert sich. Außengeräusche wurden durch die mütterliche Umhüllung abgedämpft, während innere Geräusche wie Blutstrom und Herzschlag zum Teil als Druck wahrgenommen wurden. Das Ohr frei von Fruchtwasser nimmt erstmals nach der Geburt in klarer Form die Stimmen und Umgebungsgeräusche war. Auch Geschmacks- und Geruchsinn sind vorhanden, das Neugeborene findet so den Weg zur Brustwarze der Mutter.
Aus diesen Erkenntnissen sollte der Geburtsvorgang so schonend und sanft wie möglich erfolgen, das heißt, die Rahmenbedingungen der Geburt müssen entsprechend angepasst werden. Mütterliche Zuwendung, leise Geräusche aber mit Stimmen von Mutter und Vater sowie gedämpftes Licht erhalten bei dem Neugeborenen das Gefühl der Geborgenheit. Gleichzeitig wird durch intensiven Hautkontakt mit der Mutter während der ersten 90 bis 120 Minuten durch das sogenannte Bonding das Urvertrauen hergestellt bzw. verstärkt. Trennungen direkt nach der Geburt auf Grund medizinischer Vorgaben können für das Neugeborene traumatische Erfahrungen bedeuten (vgl. Klein/Meissner, 2004, S. 28).

 Bonding: Hautkontakt zwischen Mutter und Kind zur Festigung der Bindungen. Menschen haben auf Grund ihres hohen geistigen Entwicklungsgrades das Bedürfnis von intensiven Gefühlen geprägte Bindungen zu anderen Menschen aufzubauen, ausgehend von der frühen Mutter-Kind-Beziehung. Beeinträchtigungen während das Bondings führen zum Teil zu Entwicklungsstörungen und zu späteren psychischen Problemen.

1.5.4 Geburtshilfen

In Deutschland übernehmen kraft Gesetz eine oder mehrere Hebammen die Hilfestellung bei der Geburt. Ein Arzt/Gynäkologe muss nur bei Notfällen hinzugezogen werden.
In Notfallsituationen ist zur Rettung des Kindes oder auch der Mutter ein **Kaiserschnitt** notwendig. Bei dieser Geburtsvariante, die ihren Namen dem römischen Kaiser Julius Caesar verdankt, werden Bauchhöhle und Gebärmutter aufgeschnitten. Ein Kaiserschnitt ist nur angezeigt, wenn eine natürliche Geburt unmöglich ist, bei den Vorsorgeuntersuchungen schon Probleme erkannt wurden sowie manchmal bei Mehrlingsgeburten oder einer zu tief sitzenden Plazenta vor dem Gebärmutterhals.

Um einen schwierigen Geburtsvorgang zu erleichtern oder ein Reißen des Muskelgewebes zu verhindern, kann ein **Dammschnitt** durchgeführt werden. Der Nutzen für Mutter und Kind wird jedoch sehr kontrovers diskutiert. In sehr seltenen Fällen wendet der Arzt heute noch Saugglocke oder Geburtszange an, um den kindlichen Kopf durch den Geburtskanal zu ziehen.

1.6 Positive und negative Einflüsse auf Mutter und Kind

Eine Schwangerschaft gilt als Zeit der guten Hoffnung, birgt aber auch Risiken. 97 Prozent der Kinder kommen gesund zur Welt, für den Körper der Mutter bedeutet die Schwangerschaft 40 Wochen Höchstleistung. Deshalb ist es für die werdende Mutter besonders wichtig, fit und gesund zu bleiben.

1.6.1 Ernährung

Während der Schwangerschaft nimmt die werdende Mutter in der Regel zwischen neun und 15 Kilogramm zu. Die Gewichtszunahme ergibt sich aus dem Gewicht des Kindes, des Fruchtwassers, der Plazenta und des vergrößerten Uterus. Zusätzlich werden für die spätere Stillzeit bei der Mutter etwa zwei Kilogramm Fettreserven angelegt.

Durch die körperlichen Veränderungen während der Schwangerschaft erfordert die Anpassung des Stoffwechsels eine erhöhte Zufuhr von Nährstoffen in Form von Kohlenhydraten, Eiweißen und Fetten. Eine Schwangere benötigt pro Tag etwa 500 Kilokalorien mehr. Eine ausgewogene Kost sollte alle Nährstoffe enthalten, die über die Nabelschnur auch zum Kind gelangen. Nährstoffe, die der Mutter fehlen, sind auch für das Kind nicht verfügbar. Extreme Diäten oder spezielle, einseitige Essgewohnheiten sind für die kindliche Entwicklung nicht zuträglich. Die Nahrung der Mutter sollte daher aus allen Nahrungsgruppen bestehen und in sechs kleinen Portionen über den Tag verteilt werden.

Die **Kohlehydratzufuhr** deckt mit etwa 55 Prozent den größten Teil der Energiezufuhr ab, aber auch die **Proteine** (Eiweiße) mit etwa zehn Prozent sind für das rapide Wachstum des Kindes unentbehrlich. Ein ausreichender Proteingehalt der Nahrung ist insbesondere auch nach der Geburt erforderlich für eine positive Entwicklung des Nervensystems und des Gehirns.

Mit der Nahrung nimmt die Schwangere auch unentbehrliche Vitamine und Mineralstoffe auf. Für die Entwicklung des Fetus ist insbesondere Folsäure, Vitamin C und Vitamin B12 wichtig. Ein erhöhter Eisenbedarf ergibt sich aus der Blutbildung des Kindes. Die Aufnahme von Eisen aus z. B. grünem Gemüse oder Fleisch wird allerdings durch Tee und Kaffee gehemmt. Daher sollte auf diese Genussmittel in der Schwangerschaft weitgehend verzichtet werden. Alkohol, Nikotin und andere Drogen sind absolut tabu.

Ernährung in der Schwangerschaft

Eine **ausgewogene Mischkost** durch Einnahme von Vitaminpräparaten und Mineralstoff-Kombinationen zu ersetzen ist nicht empfehlenswert, da solche Präparate nie die gesamte natürliche Palette von wirksamen Bestandteilen abdecken kann. Im Gegenteil kann eine Überdosierung von z. B. Vitamin A zu Schädigungen des Embryos führen.

Merke!
Abwechslungsreiche, ausgewogene und energieangepasste Ernährung sind die Voraussetzung für ein körperlich und geistig gesundes Kind.

 Mehr Informationen zum Thema Ernährung erhalten Sie auf folgender Internetseite
www.familienhandbuch.de/cmain/f_Aktuelles/a_Ernaehrung/s_1047.html

1.6.2 Krankheiten

Im Normalfall sind sowohl das Ungeborene als auch das neugeborene Kind während der ersten Monate durch die Mutter geschützt. Infektionen werden durch Antikörper der Mutter verhindert. Man spricht vom sogenannten Nestschutz. Auch Infektionen der Mutter werden nicht unbedingt auf das Kind übertragen, da die Plazenta-Schranke die Erreger abfängt. Allerdings können manche Keime die Plazenta passieren. Und Infektionen können auch über den Genitalbereich (z. B. während des Geschlechtsverkehrs) oder während der Geburt entstehen. Einige gefährliche Erkrankungen während der Schwangerschaft werden hier kurz vorgestellt.

Röteln

Eine Rötelinfektion der werdenden Mutter kann beim Kind zu schweren Herzfehlern oder anderen Fehlbildungen führen. Grundsätzlich wird deshalb in der ersten Vorsorgeuntersuchung unter anderem der Rötel-Titer der Mutter bestimmt. Ist die Mutter nach einer durchgemachten Rötel-Infektion oder einer Rötel-Impfung ausreichend immun, besteht keine Gefahr. Ansonsten sollte sie Kontakt zu Rötel-Infizierten unbedingt meiden. Besteht trotzdem Verdacht auf eine Rötelinfektion, so ist umgehend eine Therapie angezeigt.

Hepatitis

Die Untersuchung auf Hepatitis B Antikörper ist eine vorgeschriebene Untersuchung laut Mutterpass. Bei einer akuten Infektion vor der Geburt ist die Wahrscheinlichkeit der Übertragung auf das Neugeborene sehr hoch und eine Hepatitis-Impfung direkt nach der Geburt ist notwendig.

Clamydien

Diese bakterielle Infektion im Genitalbereich ist oft symptomlos, kann aber zu Frühgeburten und Schädigungen des Kindes führen. Deshalb wird bei den Vorsorgeuntersuchungen eine Clamydien-Infektion abgeklärt. Bei einer Erkrankung sollte auch der Partner mit therapiert werden.

HIV/AIDS

Der HI-Virus ist plazentagängig, d. h. er kann jederzeit auf das Ungeborene übertragen werden, sofern die Mutter infiziert oder bereits an AIDS erkrankt ist. Das Risiko, dass auch das Neugeborene HIV infiziert ist, liegt bei etwa einem Fünftel aller Fälle.

Rhesus-Blutgruppenunverträglichkeit

Bei etwa jeder zehnten Schwangerschaft ist die Mutter Rhesus-negativ, d. h. ihre roten Blutkörperchen besitzen nicht die Eigenschaft Rhesus, während das Kind Rhesus-positiv ist. Da die

Name: _____

Vorname: _____ geb. am: _____

Wohnort: _____

_____

Bei Namensänderung: Name: _____

Wohnort: _____

Serologische Untersuchungen

Blutgruppenzugehörigkeit

ABO

Rh-pos. (D+)/Rh-neg. (D–)*

*) Rh positiv bzw. Rh negativ wörtlich eintragen

Diese Eintragungen entbinden den behandelnden Arzt nicht von seiner Sorgfaltspflicht (z. B. Kreuzprobe)

Datum der Untersuchung: _____

Protokoll-Nr. des Laboratoriums: _____

Antikörper-Suchtest

negativ ☐   positiv, Titer 1: _____

Datum der Untersuchung: _____

Protokoll-Nr. des Laboratoriums: _____

_____

Röteln-HAH-Test

negativ ☐   positiv, Titer 1: _____

Immunität anzunehmen   ja ☐   nein ☐

Datum der Untersuchung: _____

Protokoll-Nr. des Laboratoriums: _____

ggf. ergänzende serologische Untersuchungen: _____

_____

_____   _____
Stempel des Arztes   Unterschrift des Arztes

Mutterpass – serologische Untersuchungen

Mutter während der ersten Geburt mit einem Rhesus-positivem Kind plazentagängige Antikörper gegen das Rhesus-positive Blut bildet, sind alle weiteren Kinder sehr gefährdet, sofern nicht eine sogenannte Anti-D-Prophylaxe vor der ersten Geburt durchgeführt wurde.

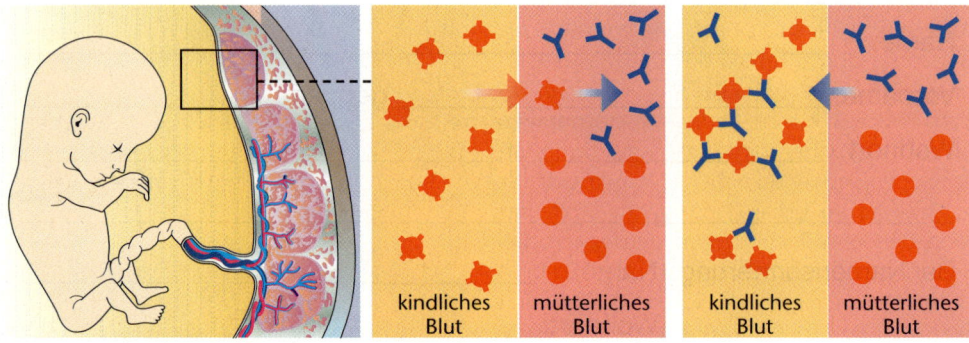

Auswirkungen des Merkmals Rhesusfaktor

Schwangerschaftsdiabetes

Etwa fünf Prozent aller Schwangeren entwickeln im letzten Schwangerschaftsdrittel einen vor-übergehenden Diabetes. Der Zuckerstoffwechsel entgleist besonders bei übergewichtigen und familiär vorbelasteten Frauen über 35 Jahren. Für den Fetus bedeutet das Mangelversorgungen und Entwicklungsverzögerungen, sowie Probleme bei der Geburt. Eine ausgewogene, kalorienkontrollierte Ernährung ist hier angezeigt, gegebenenfalls kann in seltenen Fällen auch eine Insulinbehandlung notwendig werden.

Sonstige

Ringelröteln, Windpocken, Masern, Herpesinfektionen, Mumps, Borreliose, Scheidenpilze, Blaseninfektionen, Toxoplasmose (Infektion mit Katzenparasiten) und andere Erkrankungen können zu Schädigungen des Fetus führen oder die Geburt beeinflussen.

Auch Rückenschmerzen, Bluthochdruck und Nierenerkrankungen belasten die Schwangere oft. Besonders bei älteren Frauen kann es auch zu sogenannten **Gestosen** kommen. Dieser Begriff vereinigt mehrere zum Teil noch ungeklärte schwangerschaftsbedingte Erkrankungen, wobei Bluthochdruck (Hypertonie), Wassereinlagerungen (Ödeme) und Nierenerkrankungen mit Eiweißausscheidungen im Urin (Proteinurie) zusammenkommen.

Merke!
Schwangerschaft ist keine Krankheit, das ungeborene Kind ist im Allgemeinen gut durch die Mutter geschützt. Auch die Vorsorgeuntersuchungen und die Einträge im Mutterpass schützen das Kind.

*Weitergehende Informationen findet man auf der Internetseite www.frauenaerzte-im-netz.de unter dem Kapitel **Schwangerschaft und Geburt** speziell unter **Erkrankungen in der Schwangerschaft** sowie **Gestose**.*
Informationen rund um das Thema Schwangerschaft und Mutterpass erhalten Sie bei der Bundeszentrale für gesundheitliche Aufklärung im Internet unter www.familienplanung.de/schwangerschaft/vorsorge/dokument-der-mutterpass/

1.6.3 Umwelt

Auch die Umwelt ist aus vielerlei Hinsicht an der Entwicklung und Gesundheit von Mutter und Kind beteiligt. Der Lebensraum der Schwangeren und ihre Ernährung können eine Reihe von schädigenden Bestandteilen enthalten, die nicht notwendigerweise sofort erkannt werden.

An erster Stelle spielt nach wie vor auch die Belastung durch **Tabak,** auch als Passiv-Raucher, eine große Rolle. Die Plazenta kann bei dem Austausch von Stoffwechselprodukten oft nicht zwischen giftig und ungiftig unterscheiden, weswegen neben Nikotin noch viele weitere zum Teil krebserregende Stoffe das Kind belasten. Besonders in den ersten drei Schwangerschaftsmonaten ist der Embryo besonders anfällig für Umweltgifte. Dies wirkt sich mutationsfördernd (Erbgut verändernd) auf die Zellteilung aus und kann zu schweren körperlichen und geistigen Schäden oder

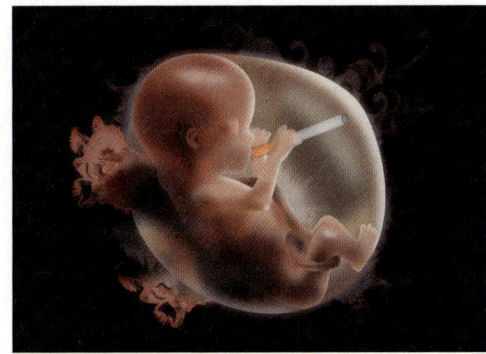

Nicht an Allem sind die Gene schuld

Entwicklungsrückständen führen. Das gleiche gilt bei **Alkoholkonsum** durch die werdende Mutter.

Allerdings finden sich auch in der Atemluft oder in der Nahrung gefährliche Stoffe. Besonders soll hier auf **Lösungsmittel** z. B. in Farben, Holzschutzmitteln, Klebstoffen und Desinfektionsmittel hingewiesen werden. Industrielle Abgase können z. B. **Dioxine** (chlorierte organische Verbindungen, die z. B. bei Verbrennungen entstehen) enthalten, die massiv erbschädigend wirken. Besonders fetthaltige tierische Nahrungsmittel können je nach Herkunft teilweise eine hohe Dioxinbelastung aufweisen. In importierten Nahrungsmitteln und Gebrauchsmaterialien kann der Anteil von Spritzmitteln über dem zulässigen Maß liegen, oder es wurden **Pflanzenschutzmittel** verwendet, die in Deutschland verboten sind. Kleider und Wohnungseinrichtungen sind möglicherweise mit Insekten- und Unkrautvernichtungsmittel belastet. Die abgegebenen schädlichen Dämpfe werden über die Haut aufgenommen.

Auch **Schwermetalle** wie Blei, Kadmium und Quecksilber führen zu Wachstumsstörungen und Fehlbildungen. Blei ist beispielsweise noch in alten Wasserleitungen (früher auch in Autoabgasen) enthalten. Quecksilber findet sich in amalgamhaltigen Zahnfüllungen, die während einer Schwangerschaft keinesfalls erneuert oder ersetzt werden sollten. Auch steigt der Quecksilbergehalt in den Meeren, was zu einer Anreicherung in Fischen und Meeressäugern führt. Erhöhte Kadmiumgehalte finden sich unter anderem in Meeresfrüchten wie Langusten, Krabben oder Muscheln und in der Leber von Rindern und Schweinen.

Medikamente jeglicher Art dürfen in der Schwangerschaft nur auf ausdrückliche ärztliche Anweisung eingenommen werden und selbst dann empfiehlt sich ein genaues Studium des Beipackzettels. Eine besonders große Gefährdung besteht im ersten Schwangerschaftsdrittel, aber auch später können Schmerz- oder Schlaftabletten und viele andere Medikamente sowie Vitamin-Ergänzungspräparate das Ungeborene schädigen. Daneben sollten Impfungen in der Schwangerschaft möglichst vermieden werden.

Merke!
Kein Alkohol, Tabak und keine Drogen in der Schwangerschaft. Vermeiden Sie Umweltgifte in der Nahrung sowie in Kleidung und Wohnungseinrichtung.
Medikamente jeglicher Art nur dann, wenn diese unvermeidbar sind und nur nach Rücksprache mit dem Arzt. Bestehen Sie auf einen für Schwangere geeigneten Arbeitsplatz.

Links zum Thema:
www.9monate.de/umweltgifte_waehrend_der_schwangerschaft.html
http://bundesrecht.juris.de/muschg/index.html
Unter www.familienplanung.de/schwangerschaft können Sie nach Begriffen wie z. B. *Umweltgifte, Drogen und Alkohol suchen.*

Der **Arbeitsplatz** ist für Schwangere nicht immer der optimale Aufenthaltsort. Belastungen durch Schadstoffe, Lärm (Discos) oder körperliche Anstrengungen sind hier gesetzlich verboten. Der Arbeitgeber muss der Schwangeren einen Arbeitsplatz entsprechend dem **Mutterschutzgesetz** anbieten oder so umgestalten, dass eine Gefährdung ausgeschlossen ist (keine Fließband-, Schicht- oder Nachtarbeit). In der sechswöchigen Schutzfrist vor der Entbindung darf die Schwangere nur auf deren ausdrücklichen Wunsch hin beschäftigt werden.

1.6.4 Bewegung und Sport

Generell ist eine moderate sportliche Aktivität bei Schwangeren wünschenswert, da das Immunsystem und damit die körperliche Widerstandskraft gegen Infektionen verstärkt wird. Auch die Schwangerschaft selbst wird auf Grund der höheren Fitness besser überstanden. Die Geburt gestaltet sich oft weniger anstrengend. Nach der Schwangerschaft wirkt sich regelmäßiger Sport positiv auf die physische und psychische Belastungsfähigkeit der Mutter aus.

Wichtig:

- Vermeidung von Überanstrengungen mit erhöhter Pulszahl über 140

- Keine neuen Sportarten in der Schwangerschaft beginnen, sondern das gewohnte Bewegungsmuster weiterführen.

- Während des Sports viel trinken und häufigere Pausen einlegen.

- Kein Sport bei vorzeitigen Wehen, Öffnung des Muttermundes oder bei Fruchtwasserverlust.

- Ausdauersportarten wie Joggen, Radfahren oder Wandern und Schwimmen sowie Bewegungstraining und Entspannungstechniken sind zu Beginn der Schwangerschaft zu bevorzugen.

- Sowie vor als auch nach der Schwangerschaft sind Beckenbodentraining und Rückengymnastik zu empfehlen, da Beckenboden und Rücken während der Schwangerschaft besonderen Belastungen ausgesetzt sind.

Schwangerschaftsgymnastik

- Sportarten mit abrupten Bewegungen wie Tennis und Aerobic oder mit hohem Sturzrisiko wie z.B. Reiten sollten vermieden werden. Auch Krafttraining oder Geräteturnen ist für Schwangere nicht geeignet.

- Extremsportarten wie Bergsteigen oder Tauchen u.ä. sind für Schwangere verboten.

Merke!
Bewegung und moderater Sport vermindern bei einer risikofreien Schwangerschaft viele Schwangerschaftsbeschwerden.

1.6.5 Familie und Erbkrankheiten

Der Zusammenhalt einer intakten Familie ist für die Entwicklung der Mutter und des Kindes von entscheidender Bedeutung, besonders dann, wenn angeborene Erbkrankheiten die Familie besonders belasten.

Sind in den Familien der Eltern Erbkrankheiten bekannt, empfiehlt es sich möglichst vor einer geplanten Schwangerschaft eine genetische Beratung in Anspruch zu nehmen. Dort ergeben **Stammbaumanalysen**, welche die Häufigkeit von Erbkrankheiten innerhalb der Familien auswerten, eine Aussage über die Wahrscheinlichkeit einer genetisch bedingten Schädigung des Kindes. Möglicherweise können auch **DNA-Analysen** eine genaue Aussage über die Vererbung der Erkrankung geben. Dabei spielt auch die klassische

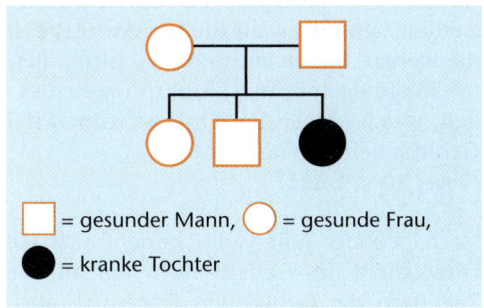

Stammbaum Mukoviszidose

Vererbungslehre nach Mendel eine Rolle, die zwischen **dominanten** also beherrschenden oder **rezessiven** also zurücktretenden Genen unterscheidet. Ein Merkmal (in diesem Fall die Krankheit) wird dann ausgebildet, wenn entweder zwei rezessive oder mindestens ein dominantes Krankheitsgen bei der Befruchtung zusammentreffen (siehe auch Kapitel 1.1 Eireifung und Eisprung). Bekannte und häufig vorkommende rezessive Erbkrankheiten sind z. B. Mukoviszidose und Thalassämien (Blutarmut).

Die Gene für die Bluterkrankheit (Hämophilie) und Duchenne-Muskeldystrophie liegen auf dem X-Chromosom. Dieses Geschlechtschromosom kommt bei Frauen doppelt vor, bei Männern jedoch nur einmal gepaart mit dem Y-Chromosom. Da sowohl Hämophilie als auch Muskeldystrophie rezessiv vererbt werden, sind hier alle Jungen mit defektem Gen betroffen, die Mädchen haben dagegen meist ein zweites gesundes Gen, weswegen die Krankheit bei ihnen viel seltener auftritt.

Der dominant vererbte Veitstanz (Chorea Huntington) dagegen wird auf Chromosom 4 vererbt und führt in allen Fällen zu einer späten Erkrankung des Nervensystems.

Merke!
Dominante Merkmale treten immer in Erscheinung. Rezessive Merkmale werden von dominanten Eigenschaften verdeckt, kommen aber oft in der darauffolgenden Generation wieder zum Vorschein. Bei geschlechtsgebundenen Genen wird auch ein rezessives Merkmal ausgeprägt.

Neben Veränderungen der DNA, die zu Genmutationen führen, können auch weitere Fehler bei der Zellteilung sowohl bei der Bildung von Geschlechtszellen (Meiose) als auch später bei der Zellvermehrung des Embryos (Mitose) auftreten. Diese betreffen Chromosomenteile oder sogar Fehlverteilungen ganzer Chromosomen (siehe Down-Syndrom bei Untersuchungsverfahren). Hier spricht man von Genommutationen, die meist nicht vererbt werden.

1.7   Hirnforschung und neurobiologische Erkenntnisse

Kommt ein Baby auf die Welt, so ist es noch nicht fertig ausgebildet. Neben den Entwicklungen und Reifungen, die genetisch bedingt sind, bedarf es ganz bestimmter Impulse. Bis zur Geburt ist das Nervensystem des Fötus sehr unreif. „Nur die Basisfunktionen, die für die Aufrechterhaltung von Lebensprozessen benötigt werden, sind schon ausgebildet" (Singer, 2002, S. 22).

Wolf Singer, der Leiter des Max-Planck-Instituts für Hirnforschung in Frankfurt schreibt:
„Mit der Geburt vollzieht sich dann ein dramatischer Sprung in der Hirnentwicklung. Die Sinnesorgane sind nun in der Lage, Signale aus der Umwelt aufzunehmen. Der Selbstorganisationsprozess – das Wechselspiel zwischen Signalen aus der Umgebung und den Genen – wird plötzlich von Aktivitätsmustern bestimmt, die von der Umwelt mitgeprägt werden. Alles, was auf die Sinnesorgane des Babys einwirkt, nimmt ab jetzt Einfluss auf die weitere Entwicklung des Gehirns. Berücksichtigt man ferner, dass sich diese aktivitätsabhängigen Entwicklungsprozesse des Gehirns bis zur Pubertät fortsetzen, wird deutlich, welch prägenden Einfluss frühe Erfahrungen auf die strukturelle Entwicklung des Gehirns nehmen können."
(Singer, 2002, S. 82f.)

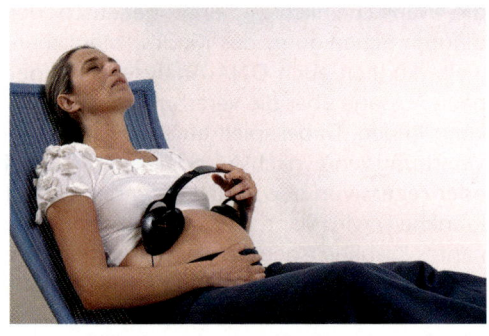

Nach heutiger Auffassung bezieht sich die Entwicklung des Gehirns nicht nur auf die Zeit nach der Geburt. Im Gegenteil, auch schon während der Schwangerschaft beeinflussen unterschiedlichste Reize der Umwelt die synaptische Vernetzung im Gehirn. Das heißt, je mehr Reize auf das Kind einwirken, desto mehr Schaltstellen zwischen den Nervenzellen des Gehirns werden ausgebildet. Zu diesen Reizen gehören z. B. Schallwellen aus dem Bereich von Musik, Gespräche oder auch Lärm, der auf den Fetus einwirkt. Auch Druckwellen wie Massagen oder Streicheleinheiten kann das Kind bereits im Mutterleib spüren. Die emotionale Verfassung der Mutter und deren Integration in die Familie und in ihr Umfeld spielen im positiven wie auch im negativen Sinne eine wichtige Rolle.

Synaptische Schaltungen

Das menschliche Gehirn besitzt Schätzungen zufolge etwa 100 Milliarden (10^{11}) Nervenzellen (Neuronen), die durch etwa 100 Billionen (10^{14}) Synapsen (Kontaktstellen) eng miteinander verbunden sind. Eine Nervenzelle im Gehirn ist im Schnitt mit etwa 1 000 anderen Neuronen verbunden.
Schon während der Embryonalentwicklung bilden sich die Nervenzellen aus und es werden Synapsen geschaltet, das heißt lange Fortsätze der Neuronen, die sogenannten Neuriten verzweigen sich und bilden Synapsenendknöpfchen aus, die an Fortsätze von anderen Neuronen (Dentriten) oder auch direkt an den Zellkörper der Neuronen andocken.
Diese Verschaltungen beinhalten unser Gedächtnis und prägen alle weiteren Fähigkeiten des Gehirns. Sie werden lebenslang neu gebildet und benutzt. Dabei wird über diese Verbindungen mittels chemischer und elekt-

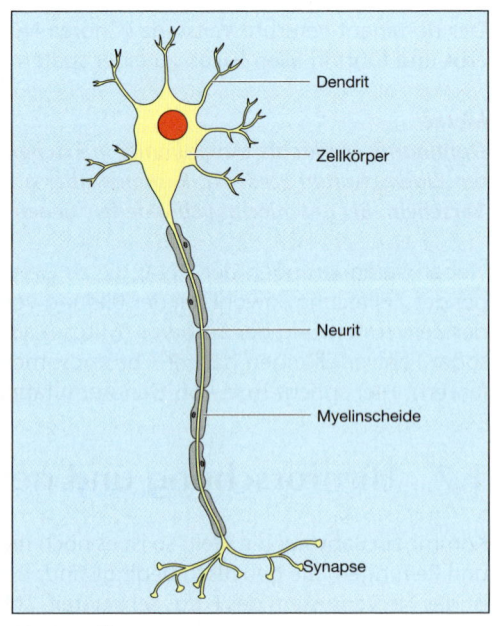

Nervenzelle

rischer Signale intensiv kommuniziert, indem unzählige Sinneseindrücke gefiltert und verarbeitet, ausgewählte Informationen gespeichert und Verhaltensweisen koordiniert werden.

Entwicklung der Synapsen im Gehirn

Die Nervenzellen sind beim Neugeborenen wie ein dichtes, gleichmäßiges Netz verbunden, das Impulse in alle Richtungen weiterleitet. Bis zum zweiten Lebensjahr wächst die Zahl der Synapsen. Im dritten Lebensjahr verstärken sich bestimmte Synapsen im Prozess von wiederholtem Lernen, d. h. wenn sich Impulse in bestimmten Bahnen häufen. Weniger intensiv und häufig genutzt Bahnen verkümmern dagegen. Die Strukturen werden umso komplexer, je

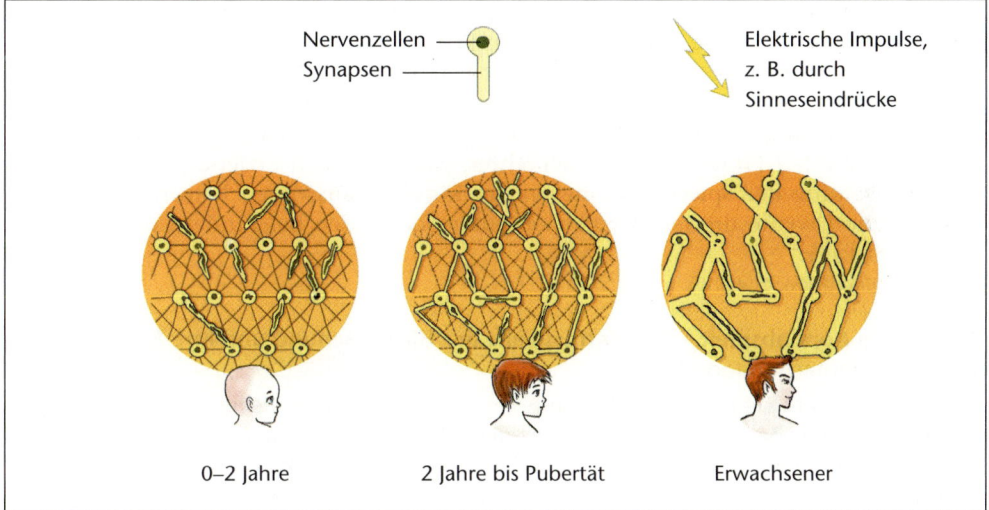

Entwicklung von Synapsen im Gehirn

vielfältiger die Anregungen sind. Mit der Pubertät ist dieser Prozess weitgehend abgeschlossen. Dem Erwachsenen steht nur noch das bis zur Pubertät ausgebildete Netz zur Verfügung (vgl. Thimm, 2002, S. 91).

Entwicklung des kindlichen Gehirns

„Das Gehirn besteht aus Milliarden von Nervenzellen, den Neuronen. Diese sind darauf spezialisiert, Informationen aufzunehmen, zu verarbeiten und weiterzuleiten. Durch bestimmte Kontaktstellen – die sogenannten Synapsen – sind die Nervenzellen untereinander verbunden und bilden komplexe Netzwerke. Alles was sich in unserem Kopf abspielt, während wir nachdenken, uns freuen, uns an etwas erinnern oder wenn wir lernen, beruht auf Aktivitäten in solchen neuronalen Netzwerken."
(Friedrich/Streit, 2002, S. 6)

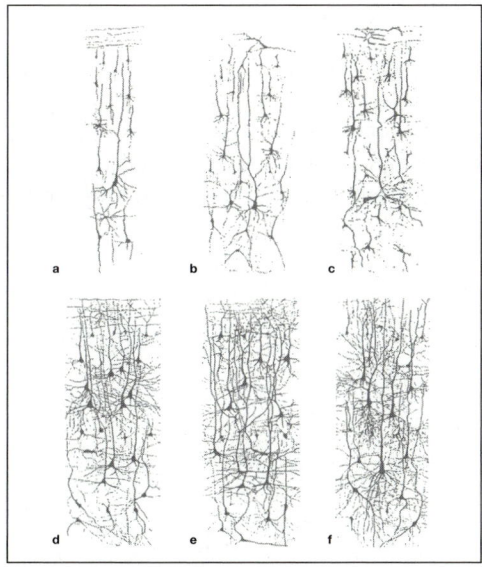

Bildung neuronaler Netzwerke

Nur durch den aktiven Austausch mit der Umwelt können sich neuronale Vernetzungen entwickeln (siehe Abbildung auf Seite 27 unten). Der Kindergarten muss sich daher der Aufgabe stellen, gerade ab dem frühesten Alter die Entwicklung dieser neuronalen Strukturen durch abwechslungsreiche Angebote für die Kinder zu fördern.

Spiegelneurone

„‚Wenn Menschen in anderen etwas zum Klingen bringen, äußere Signale uns etwas über den inneren Zustand des anderen verraten', dann sind laut Professor Bauer Spiegelneurone im Spiel, wie folgendes Experiment belegt. Bei Frauen wurde die Nerventätigkeit des Gehirns untersucht, während sie durch elektrische Reize Schmerzen an der rechten Hand verspürten. Anschließend sahen die Frauen dabei zu, wie ihren Männern der Schmerzreiz zugeführt wurde. Es zeigte sich, dass bei den Frauen in beiden Situationen die gleichen Nervenzellen im Gehirn aktiv waren. Bauer betrachtet die Spiegelneuronen daher als wichtige Träger von Mitgefühl und Mitleiden der Menschen untereinander. Ohne diese Spiegelneurone sind nach Ansicht der Hirnforschung wichtige soziale Interaktionen nicht möglich. [...] Professor Bauer befürchtet, dass sich auch Erziehungsfehler negativ auf das ‚Training der Spiegelneurone' in der Kindheit auswirken könnten. Zwischenmenschliche Defizite drohen, wenn Computer oder Video bei Kindern den lebenden Partner ersetzen."
(Lenzen-Schulte, 2006, S. 421 f.)

Was sich im Kopf abspielt – Erkenntnisse aus der Hirnforschung und ihre Bedeutung für die Elementarpädagogik

Wir wissen, dass in den ersten Lebensjahren die entscheidenden Reifungsvorgänge für das gesamte weitere Leben stattfinden. Dabei ist die Kindergartenzeit die wohl Wichtigste. Kinder lernen in dieser Zeit z. B. Fahrrad fahren, Schwimmen und Purzelbäume schlagen. Die Feinmotorik entwickelt sich rasant durch Fingerspiele, Kneten und Malen bis hin zum späteren Schreiben lernen. Gefühle können erlebt, benannt und differenziert werden, soziale Verhaltensweisen und kognitive Fähigkeiten erleben einen sprunghaften Wandel. Dies alles lehrt uns die Theorie (siehe dazu Kapitel 4). Die Leistung für all diese Veränderungen und Entwicklungsschritte trägt das Gehirn.

Erkenntnisse für die pädagogische Arbeit in Krippe und Kindergarten

Die neuesten Erkenntnisse aus der Hirnforschung führen zum einen dazu, dass Entwicklungsprozesse der Kinder besser zu verstehen sind und zum anderen, dass wir besser und kompetenter den Lernwillen der Kinder anregen und unterstützen können. Dies ist ein wichtiger Schritt – seit PISA – für die Erziehungs- und Bildungsarbeit in Deutschland.

2 Säuglingspflege und erstes Lebensjahr

2.1 Notwendigkeit der Säuglingspflege

In der heutigen Zeit hat die Notwendigkeit der Betreuung von Kleinstkindern außerhalb der Familie stark zugenommen. Auch in der öffentlichen Berichterstattung ist dieses Thema von großem Interesse. Dies ist vor allem der aktuellen Familienpolitik zu verdanken. Nachfolgend sind einige Gründe dafür aufgezählt, weshalb es im Hinblick auf die außerfamiläre Kinderbetreuung zu einem Umdenken kam:

- Frauen sind gut ausgebildet und wollen auch nach der Geburt eines Kindes berufstätig sein.

- Vor allem die sinkenden Geburtenzahlen machen es notwendig, dass die politisch Verantwortlichen dafür sorgen, eine ausreichende Zahl an Betreuungsplätzen auch für Kleinstkinder einzurichten.

- Die Wirtschaft kann es sich nicht mehr erlauben, auf die Arbeitsleistung von gut qualifizierten Frauen zu verzichten, nur weil diese keine Betreuungsmöglichkeiten für ihre Kinder haben.

- Außerdem zwingt die ökonomische Lage Familien oft dazu, für den Lebensunterhalt gemeinsam aufzukommen. Nicht jede Familie hat Großeltern oder andere Familienmitglieder, die bei der Kinderbetreuung einspringen können, wenn beide Eltern berufstätig sind.

Mutter und Tagesmutter

● Ein weiteres Argument für die Fremdbetreuung ist die Erkenntnis, dass sich die Bildungs-chancen von Kindern aus bildungsfernen Schichten durch außerfamiliäre Betreuungsfor-men deutlich verbessern.

So konnte beispielsweise die Berliner Infans Gruppe nachweisen, dass die Kinderbetreuung im Kleinkindalter sich auf alle Kinder positiv auswirkt, sofern diese professionell ausgeübt wird. Auch Fthenakis spricht von Ressourcen, die nicht genutzt werden; die heutige Gesellschaft kann sich das auch gar nicht mehr leisten.
So liegt es auf der Hand, dass die pädagogischen Fachkräfte über genügend Fachwissen auf dem Gebiet der Säuglingspflege verfügen müssen. Zum einen, um den Bedürfnissen von Säuglingen und Kleinstkindern in den Krabbelgruppen gerecht zu werden, zum anderen, um in den Familien, in denen Sie eine Betreuungsperson entweder ganz oder zeitweise ersetzen müssen, eine gute und qualifizierte Arbeit leisten zu können.

Aufgaben
1. **Diskussionsfrage:** *Sie stehen als frischgebackene Mutter vor der Entscheidung, Ihren Beruf wei-terhin auszuüben. Würden Sie dafür Ihr Kind in eine Fremdbetreuung geben? Stimmen Sie mit ja, eher ja, eher nein, nein und finden Sie sich in den entsprechenden Gruppen. Sammeln Sie nun in Ihrer Gruppe die Argumente, welche Ihren Standpunkt verdeutlichen. Jede Gruppe trägt anschließend der gesamten Klasse ihre Meinung vor. Wer hat sich von einer anderen Meinung überzeugen lassen? Möchte jemand die Gruppe wechseln?*
2. *Reflektieren Sie abschließend nochmals die verschiedenen Sichtweisen zur Fremdbetreuung von Kindern und vergleichen Sie diese mit Ihrer eigenen Meinung. Denken Sie darüber nach, inwie-weit Ihre eigene Meinung zu bestimmten Sachverhalten Ihre Haltung den Eltern gegenüber beeinflusst, deren Kinder Sie betreuen.*

Viele Vorbehalte zum Thema außerfamiliäre Betreuung und die damit im Zusammenhang entstehenden Konflikte lassen sich durch klärende Gespräche beheben. Es ist von außeror-dentlicher Bedeutung, dass das pädagogische Fachpersonal den Eltern einfühlsam und ver-ständnisvoll begegnet. Nur so kann die Basis für eine gelingende Beziehung zum Kind entste-hen, an dessen Entwicklung Sie als Bezugsperson entscheidend mitwirken. Denn: „In Tages-einrichtungen für Kinder unter drei Jahren finden die Kinder einen familienergänzenden Le-bensraum, wo sie auch das Zusammenleben mit anderen Kindern lernen" (Schmerkotte, 2002, S. 17).

Aufgabe
3. *Was bedeutet es für Sie als pädagogische Fachkraft einen familienergänzenden Lebensraum zu gestalten? Schreiben Sie Ihre Gedanken auf und interviewen Sie dazu auch einige Eltern aus der Einrichtung, in der Sie Ihr Praktikum machen. Vergleichen Sie die Ergebnisse!*

2.2   Säuglingsausstattung

Allgemein versteht man unter dem Begriff Säuglingsausstattung die Anschaffung all der Ge-genstände, die notwendig sind, um ein neugeborenes Kind in der häuslichen Umgebung aufnehmen und versorgen zu können. Im weiteren Sinn sind natürlich auch die Kindertages-einrichtungen betroffen, die z. T. bereits Säuglinge ab der achten Woche betreuen.

Zur Grundausstattung gehören im Wesentlichen Anschaffungen aus folgenden Bereichen:

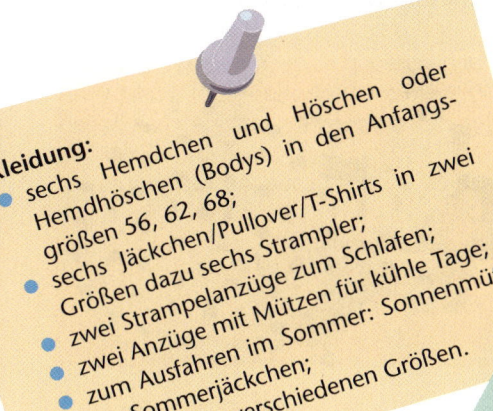

Kleidung:
- sechs Hemdchen und Höschen oder Hemdhöschen (Bodys) in den Anfangsgrößen 56, 62, 68;
- sechs Jäckchen/Pullover/T-Shirts in zwei Größen dazu sechs Strampler;
- zwei Strampelanzüge zum Schlafen;
- zwei Anzüge mit Mützen für kühle Tage;
- zum Ausfahren im Sommer: Sonnenmütze, Sommerjäckchen;
- Söckchen in verschiedenen Größen.

Essen und Trinken:
- zwei Flaschen für Tee und zwei Teesauger;
- Flaschen- und Saugerbürste;
- Spucktücher (am besten Mullwindeln);
- Lätzchen
- Außerdem: für sauberen und hygienischen Aufbewahrungsort sorgen, z. B. mit Geschirrtuch staubfrei abdecken.
- Bei nicht gestillten Babys:
- sechs Milchflaschen und drei Milchsauger;
- evtl. Flaschenständer.

Ruhe und Schlaf:
- Kinderbett oder anfangs Wiege/Stubenwagen;
- Matratze, Zudecke mit Bettbezügen und Bettlaken, (für den Stubenwagen/Wiege reichen Moltonwindeln als Matratzenauflage aus), alternativ Babyschlafsack;
- evtl. Mullwindel als Spuckunterlage für den Kopf;
- Wärmflasche, Spieluhr;
- evtl. Babyfon;
- evtl. Nässeschutz für die Matratze.

Ausfahren und Tragen:
- Kinderwagen mit Zudecke und Bezügen;
- Tragetuch oder andere Tragevorrichtung;
- außerdem: Baby-Wolldecke, Krabbeldecke, Wickeltasche für unterwegs;
- evtl. Autositzschale.
- Hinweis: Es gibt eine Vielzahl von Produkten, die eingesetzt werden können. Wichtig bei der Auswahl ist, dass sich ein Modell für die Eltern in ihrer speziellen Situation am sinnvollsten erweist. Für die Auswahl der Autositzschalen gilt, dass sie der europäischen Prüfnorm entsprechen müssen. (vgl. BZgA, 2009, S. 12)

Körperpflege:
- Wickelplatz mit Wickelauflage;
- Windeln: Einmalwindeln oder Stoffwindeln mit Windelhosen, Abwurfbehälter;
- Wundschutzcreme;
- Babyöl und Zellstofftücher;
- Baby-Badewanne, Badethermometer;
- mehrere Waschlappen, 2 Badetücher;
- Baby-Nagelschere, Haarbürste, Wattestäbchen;
- Fieberthermometer.

Aufgabe
Gehen Sie in einschlägige Geschäfte, besorgen Sie sich Kataloge: Welche Materialien und Utensilien für die Erstaustattung werden angeboten, was kosten diese? Wo könnte man das Zubehör für die Erstaustattung günstiger erhalten?

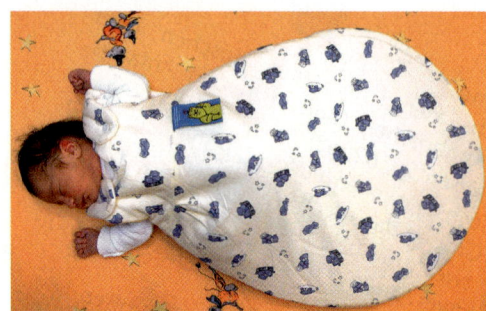

2.3 Die Körperpflege

2.3.1 Hautpflege

Die Körperpflege des Säuglings, umfasst neben dem Baden und Waschen des Babys auch das Wickeln und die Hautpflege. Insbesondere die Hautpflege sollte sehr bewusst durchgeführt werden, denn das Auftreten allergischer Hautreaktionen steht häufig im Zusammenhang mit einer übertriebenen oder falsch durchgeführten Hautpflege.

Ziel einer regelmäßig durchgeführten Hautpflege ist es, die Haut von Verschmutzungen zu reinigen. Dabei muss beachtet werden, dass die Hautfunktion sinnvoll unterstützt wird. Beim Erwachsenen sind dies:

1. Aufrechterhaltung des Säureschutzmantels (pH-Wert 5,5)
   Der Säureschutzmantel entsteht durch das Zusammenspiel der Schweiß- und Talgdrüsen der Haut. Durch den Einsatz von zuviel Seife und zu warmem Wasser wird der Säureschutzmantel zerstört.
2. Aufrechterhaltung der normalen Keimbesiedlung
   Auf unserer Haut leben gesunde Keime, die uns vor dem Eindringen krankmachender Keime oder anderer Eindringlinge (z. B. chemische Reize) schützen.

Beim Säugling sind die Funktionen der Haut noch nicht alle ausgebildet. Das heißt, dass wir die Haut des Säuglings möglichst wenig zusätzlichen Reizen in Form von Badezusätzen, Cremes und anderen Pflegeprodukten aussetzen dürfen.

Merke!
Unüberlegter und übermäßiger Einsatz von Pflegeprodukten beeinträchtigt die gesunde Entwicklung der Babyhaut.

Ein weiterer Aspekt, der im Zusammenhang mit der regelmäßig durchgeführten Hautpflege steht, ist der Aspekt der **Berührung**. Durch die Berührung der Haut (mechanische Reizung) fördern wir gleichzeitig die Hautdurchblutung. Dies ist wichtig, da eine gut durchblutete Haut die Voraussetzung für eine gut ernährte und somit gesunde Haut ist. Darüber hinaus wird durch die Berührung die Körperwahrnehmung eines Menschen erhöht und eine Beziehung zum Menschen hergestellt.

Diese Erkenntnisse beruhen auf der Tatsache, dass die Haut unser größtes Wahrnehmungsorgan ist. Wir nehmen über die verschiedenen Umgebungsreize (z. B. Luftzug, Kleidung auf unserer Haut) oder durch Berührungserlebnisse (z. B. gewaschen werden, gestreichelt werden) unsere Körpergrenzen wahr und erfahren gleichzeitig etwas über unsere Umwelt. Wir empfinden Wärme oder Kälte, die Berührung wirkt entspannend und wohltuend oder prickelnd und anregend. Berührung kann aber auch Unwohlsein auslösen. Das ist meist dann der Fall, wenn die Berührung unsicher und nicht eindeutig geführt wird.

Eindeutig und sicher wird die Berührung dann, wenn sie mit gutem Druck und der ganzen Hand bei geschlossenen Fingern ausgeführt wird (vgl. Bienstein/Fröhlich, 2007, S. 35). Eine intakte Haut ist also die Basis dafür, wie das Baby die Wahrnehmung seines Köpers erfährt. Diese Erfahrung trägt dazu bei, dem Säugling eine gesunde Entwicklung zu ermöglichen. Der Stellenwert, den eine bewusst und umsichtig durchgeführte Hautpflege einnimmt, darf im Zusammenhang mit der Köperpflege des Säuglings nicht unterschätzt werden.

Aufgabe
Führen Sie folgende Berührungsübung durch:
- *Setzen Sie sich paarweise gegenüber; ein Partner schließt die Augen, der andere streicht mit seiner Hand von der Oberseite der Hand seines Partners weiter über den Unterarm zum Oberarm bis zur Achselhöhle. Zurück über die Unterseite des Oberarms über die Unterseite des Unterarms wieder zur Hand.*

- *Führen Sie dieselbe Berührung nochmals durch, allerdings hat jetzt Ihr Partner die Augen dabei geöffnet und kann die Berührung verfolgen.*

- *Wechseln Sie jetzt die Rollen, so dass der andere dasselbe Berührungserlebnis erhält.*

- *Tauschen Sie sich aus: Wie haben Sie die Berührung erlebt?*

2.3.2 Baden und Waschen

Beim Waschen des Säuglings ist es besonders wichtig, die Hautfalten sorgfältig zu inspizieren. Sie müssen von Ablagerungen gereinigt werden und anschließend gut getrocknet werden. Warmes Wasser (37 °C), ein weicher Waschlappen und ein saugfähiges Handtuch reichen dafür aus.

Für die tägliche Körperpflege bietet es sich an, den Säugling bäuchlings über dem Waschbecken unter fließend warmes Wasser zu halten. Vor allem bei einem stark verschmutzten Po entfällt so das unangenehme Reiben mit dem Waschlappen.

Beim Baden des Säuglings muss zunächst dafür gesorgt werden, dass die Temperatur im Raum nicht unter 28 °C liegt und kein Luftzug herrscht. Die Baby-Badewanne sollte so stehen, dass sie gut zu erreichen ist und das Babybad rückenschonend durchgeführt werden kann. Es sollte auch darauf geachtet werden, dass nichts umstürzen kann. Die benötigten Utensilien sollten alle griffbereit liegen. Bevor das Kind in das Wasser eingetaucht wird, muss die Wassertemperatur geprüft werden. Dann wird das Baby vom Kopf bis zu den Füßen gewaschen, am Schluss wird der Genitalbereich gereinigt.

Merke!
Haben Sie keine Angst, das Kind mit sicherem Griff und zupackend zu halten und zu waschen.
Es spürt gerne Ihre Hand und fühlt sich wohl dabei!

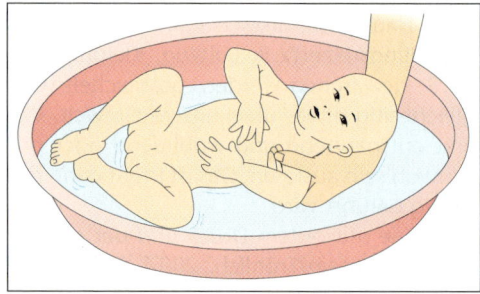

Badegriff Rücken

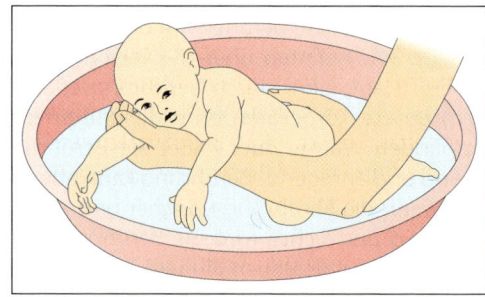

Badegriff Bauch

Nach dem Bad wird das Baby in ein Kapuzenhandtuch gewickelt und wieder vom Kopf zu den Füßen hin abgetrocknet. Wenn festgestellt wird, dass der Säugling trockene, gerötete oder wunde Hautstellen hat, sollte ein entsprechendes Pflegeprodukt benutzt werden.

Bei der Auswahl der Pflegeprodukte sollte darauf geachtet werden, dass diese feuchtigkeitsregulierend sind und die Haut des Babys nicht verkleben. Wenn möglich sollte auf schadstoffarme Naturprodukte zurückgegriffen werden. Der Zusatz von tierischen Eiweißen kann allergieauslösend sein.

Badezusätze dürfen nicht zu sehr schäumen, denn zu viele Schaumbläschen erschweren die Atmung des Kindes. Sie wirken wie ein Hindernis, durch welches das Kind hindurchatmen muss. Dies ist anstrengend und führt zu Kurzatmigkeit.

Richtlinien für das Baden und die Körperpflege des Säuglings

Körperpflege

- das Baby nicht alleine im Wasser oder auf dem Wickeltisch lassen
- auf warme Umgebung achten
- Zugluft vermeiden
- möglichst nur mit Wasser waschen
- auf die Hautfalten achten, gut abtrocknen, „trocken tupfen"
- Haare: morgens erst gegen den Strich (d.h. gegen die Haarwuchsrichtung), dann mit dem Strich bürsten, dies hat eine anregende Wirkung
- Zahnpflege ab dem ersten Zahn mit fluoridhaltiger Kinderzahncreme
- Fingernägel rund schneiden, Fußnägel gerade schneiden
- Nabelpflege: mit Puder und Schlitzkompressen versorgen, Nabel außerhalb der Windel legen, Nabel fällt nach fünf bis sieben Tagen ab

Heute wird auch gerne ein Badeeimer für das Babybad eingesetzt.

Baden

- zweimal die Woche duschen oder baden genügt (nie bei Fieber)
- morgens oder abends, nicht nach dem Essen
- Dauer: fünf Minuten, Wasserhöhe bis zum Nabel, ca. 37 °C
- erst das Gesicht ohne Badezusatz waschen
- Augen von außen nach innen reinigen
- danach Badezusatz hinzufügen
- Kopf in kreisenden Bewegungen waschen, Hals miteinbeziehen
- vom Rumpf zu den Armen und zurück, vom Unterbauch zu den Beinen und zurück
- das Kind sicher auf den Bauch drehen, Rücken und Gesäß waschen
- zurückdrehen und Genitalbereich waschen
- bei Mädchen: von der Harnröhre zum Anus (= Darmausgang)
- bei Jungen: das Glied reinigen, Vorhaut nicht zurückziehen. Der Kinderarzt sagt Ihnen, wann Sie bei der Pflege des Penisses darauf achten müssen, die Vorhaut zurückzuziehen.

Nach dem Bad: in Badehandtuch einhüllen; vom Kopf bis zu den Füßen (von oben nach unten) abtrocknen; evtl. eincremen; wickeln und anziehen.

2.3.3 Wickeln

Das Wickeln des Babys ist ein wichtiger und vor allem relativ häufig durchzuführender Bestandteil der Körperpflege. Gewickelt wird nach jeder Mahlzeit und natürlich bei Bedarf, wenn das Kind nass liegt. Nachts wird das Kind dann gewickelt, wenn es sich meldet. Für die Eltern ist es meist sehr anstrengend, sich auf den Rhythmus des Kindes einzustellen. Für das Zusammenleben in der Familie ist es deshalb eine große Herausforderung, sich bei der Pflege des Kindes so abzusprechen, dass die Aufgaben gleichmäßig verteilt sind. In einer Befragung von Vätern hat sich gezeigt, dass für das Wickeln des Kindes die Mütter diejenigen sind, die diese Pflegetätigkeit hauptsächlich übernehmen.

Aufstehen ja, wickeln nein – Umfrage zum Thema Väter und Kindererziehung.

HAMBURG (dpa). „Väter sehen die Versorgung und Erziehung des Nachwuchses zunehmend als Teamarbeit an. Mit einer Ausnahme: Wickeln ist sowohl den jungen als auch den älteren Papas suspekt. Nur 29 Prozent der 25- bis 39-Jährigen und 16 Prozent der 40- bis 55-Jährigen wechseln ihren Kleinen täglich die Windeln. Das ist das Ergebnis einer Gewis-Umfrage, für die 1034 Väter zwischen 25 und 55 Jahren befragt wurden. Vor allen Dingen die Männer zwischen 25 und 39 Jahren betrachten es als selbstverständlich nachts aufzustehen, wenn ihr Kind schreit: 78 Prozent kümmern sich um den weinenden Nachwuchs, bei den älteren Vätern (40 bis 55 Jahre) sind es immerhin noch 59 Prozent.

Auch um die Hausaufgabenbetreuung kümmern sich moderne Väter: Fast die Hälfte der jungen (47 Prozent) und 35 Prozent der älteren sehen sie klar als ihre Aufgabe an. Viele haben auch kein Problem damit, für den Sprössling die abendliche Freizeit zu opfern: 70 Prozent der Väter gehen zu Elternabenden."

(Badische Zeitung vom 29.11.2005, dpa)

Tipps zum Wickeln des Babys

● **geeigneten Wickelplatz einrichten**

Meist steht für das Wickeln eine Wickelkommode zur Verfügung. Dies muss allerdings nicht zwingend sein. Wichtig beim Einrichten eines Wickelplatzes ist es darauf zu achten, dass ein möglichst rückenschonendes Arbeiten möglich ist. So kann man sich beim Wickeln auch auf ein Bett setzen oder vor einem Sofa knien.

Das Baby sollte dabei auf einer weichen Unterlage liegen (abwaschbar und wasserundurchlässig), darauf ein Handtuch oder eine Moltonwindel. Wichtig ist es auch, ein Spielzeug oder ein Stofftier für das Baby bereit zu legen, oder ein Mobile über einen festen Wickelplatz anzubringen.

● **benötigte Materialien bereitstellen**
   - Waschlappen und Handtuch
   - Babyöl und weiche Papiertücher (evtl. für Stuhl, der fest an der Haut haftet)
   - Wundcreme (hautverträgliche Produkte!)
   - Stoffwindel und Windelhöschen oder Einmalwindel
   - evtl. frische Kleider

● **auf Raumtemperatur achten**

Babys fühlen sich pudelwohl, wenn sie in einer warmen Umgebung nackt strampeln dürfen. Es ist deshalb von großer Bedeutung, die Zeit des Wickelns auch als Zeit der Zuwendung und Anregung zu nutzen. (Siehe auch Kapitel 2.5.3 Anregungen für die Kinderkrippe).

Darüber hinaus kann die empfindliche Haut des Babys an der Luft gut trocken. Ein vorbeugender Effekt, welcher der gefürchteten Windeldermatitis (Wundsein) besonders gut entgegenwirkt.

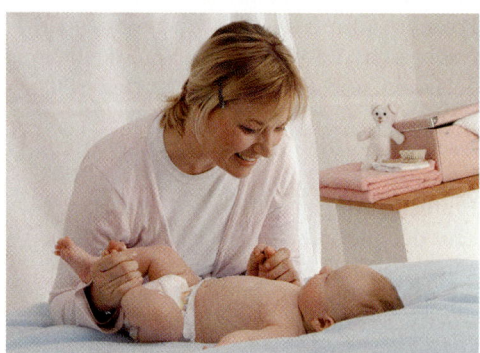

Die Betreuungsperson streichelt die genannten Körperteile. Beim letzten Satz krabbeln ihre Finger auf dem Kopf des Babys.

Hallo mein Schneckchen,
ganz weich ist dein Bäckchen.

Hallo mein Häschen,
ganz spitz ist dein Näschen.

Hallo mein Hündchen,
ganz rund ist dein Mündchen.

Hallo mein Bärchen,
ganz fein ist dein Härchen.

Und da ist ein Floh,
der kitzelt dich so.

Merke!
Das Kind während des Wickelns nie alleine lassen!

M

Wickeltechnik

- Zum Wickeln das Baby auf den Rücken legen.
- Der rechte Arm greift das rechte Bein des Babys am Oberschenkel. Das linke Bein des Babys liegt dabei über dem rechten Unterarm.
- Die linke Hand bleibt frei für die Windel.
- Das Baby kann so sicher gehalten werden und die Hüftgelenke werden nicht belastet.

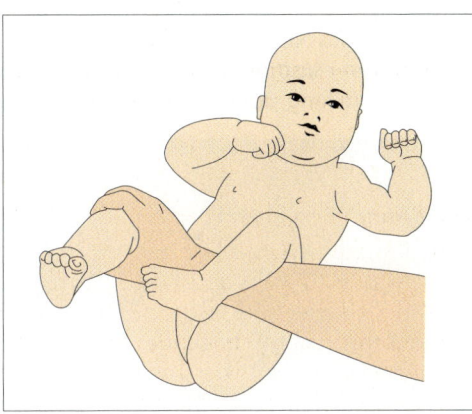

Kriterien zur Auswahl der Windel

Grundsätzlich werden zwei verschiedene Windelarten unterschieden:

- **Einmalwindeln**
  Die Größe richtet sich nach dem Gewicht des Kindes; sie sind praktisch für unterwegs.

- **Stoffwindeln**
  Ein Windelpaket aus Stoffwindeln besteht aus drei Lagen: Vlieseinlage aus Zellstoff, Stoffwindel (= Mullwindel), Nässeschutz (= Windelhose).
  In manchen Städten gibt es Windeldienste, die saubere Stoffwindeln anliefern und die gebrauchten Stoffwindeln zum Waschen wieder mitnehmen.

Unabhängig von der Windelart gelten folgende Kriterien bei der Auswahl der Windel:

- Das Baby muss sich in der Windel wohlfühlen und sie auf der Haut gut vertragen.

- Das Kind braucht genügend Bewegungsfreiheit, damit sich die Hüfte und die Beinmuskulatur optimal entwickeln können.

- Die Windel sollte sich leicht handhaben lassen und immer gut sitzen, damit nichts ausläuft.

- Die Windel ist ein Nässeschutz, deshalb muss die Nässe auch gut aufgesaugt werden können.

(vgl. Gerner/Eickelmann, 2008, S. 21)

Aufgaben

A

1. Suchen Sie im Internet nach Anbietern eines Windeldienstes.
2. Finden Sie heraus, zu welchen Preisen der jeweilige Service angeboten wird. Vergleichen Sie die Preise mit den Kosten, die entstehen, wenn ein Kind mit Einmalwindeln gewickelt wird.
3. Finden Sie heraus, welche Aussagen zur Umweltbelastung des jeweiligen Produkts gemacht werden.
4. Finden Sie heraus, wie viel Nässe eine Einmalwindel aufnehmen kann. Kann eine Stoffwindel dieselbe Menge an Wasser aufnehmen? Testen Sie das Fassungsvermögen einer Stoffwindel im Gegensatz zu einer Einmalwindel in einem Versuch.
5. Diskutieren Sie abschließend die Vor- und Nachteile einer Stoffwindel im Gegensatz zur Einmalwindel.

2.4   Gesundheitsfördernder Umgang mit dem Säugling

Bevor das Kind auf der Welt ist, müssen die Eltern oder andere zuständige Personen die Umgebung für das Neugeborene so vorbereiten, dass es sich gesund entwickeln kann und seinen Bedürfnissen entsprochen wird. So spielen neben der Erfüllung der körperlichen Bedürfnisse auch die Erfüllung der sozial-emotionalen und der kognitiven Bedürfnisse eine große Rolle.

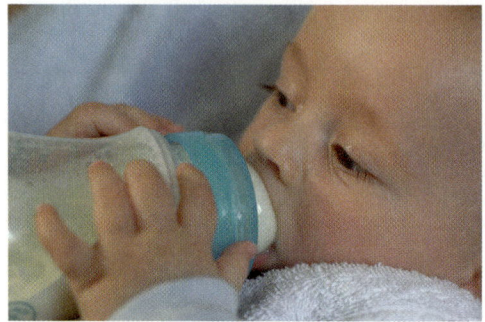 

Körperliche Bedürfnisse: Schlafen, Trinken und Essen, Körperpflege, Kleidung

sozial-emotionale Bedürfnisse: Zuwendung, Geborgenheit

kognitive Bedürfnisse: Ansprache, Anregung der Sinne, Gestaltung der Umgebung

2.4.1 Ruhen und Schlafen

In den ersten Lebenswochen ist das Bedürfnis des Neugeborenen und Säuglings nach Ruhen und Schlafen besonders hoch. Die Umgebung dafür bedarf deshalb sorgfältiger Vorbereitung.

Zunächst müssen die Eltern eine Entscheidung treffen, ob sie ihr Kind bei sich im Zimmer schlafen lassen oder es lieber in seinem eigenen Zimmer zur Ruhe legen. Insgesamt gibt es keine allgemeingültige Antwort darauf, was besser für das Kind ist. Viele Eltern beruhigt es, das Kind in ihrer unmittelbaren Nähe zu wissen. Zudem erleichtert es das nächtliche Stillen. Hier ist ein Stubenwagen oder eine Wiege eine geeignete Lösung. Nach ein paar Wochen kann dann das Kind in sein Zimmer geschoben werden. Das Zimmer des Babys sollte innerhalb der Wohnung eine ruhige Lage haben. Es sollte abgedunkelt werden können und das Bett sollte so stehen, dass es gut erreichbar ist und im Bedarfsfall auch einmal gut umgestellt werden kann.

Die Einhaltung folgender Punkte sorgen dafür, dass das Kind gesund schlafen kann:

- Beim Einkauf der Materialien sollte immer darauf geachtet werden, dass diese den allgemeingültigen und standardisierten Kriterien für Kindersicherheit entsprechen. Außerdem sollte darauf geachtet werden, dass die Materialien möglichst schadstoffarm sind und keine allergieauslösende Wirkung haben.

  Es gibt **Prüfsiegel**, die beim Einkauf Hilfestellung bieten:
  - TÜV- und GS-Siegel garantieren, dass die Möbel funktionssicher sind.
  - Das CE-Zeichen bedeutet, dass ein Produkt europäischen Normen entspricht.
  - Das RAL-Gütezeichen bescheinigt die Gesamtqualität des Möbelstücks.
  - Der Vermerk „giftfreie Lacke nach DIN 53160" besagt, dass dieses Produkt von Kindern bedenkenlos in den Mund genommen werden kann.

- Das Baby wird anfangs in Rückenlage oder in eine leichte Schräglage auf einer festen Matratze hingelegt. Die Schräglage kann durch ein zusammengerolltes weiches Handtuch, das unter den Rücken des Babys gebracht wird, unterstützt werden. Der Körper des Babys muss immer gerade liegen, deshalb kein Kopfkissen verwenden. Es empfiehlt sich eine weiche Mull- oder Moltonwindel unter das Köpfchen zu legen. Falls das Kind spuckt, muss nicht gleich das Bettlaken oder eine andere entsprechende Baumwollunterlage gewechselt werden, eine frische Mullwindel ist schnell unter das Köpfchen gezogen. Wenn das Kind älter wird und lernt, sich zu drehen, wird es die Position einnehmen, die für es gut ist.

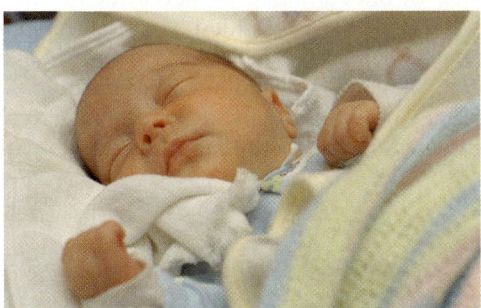

Rückenlage

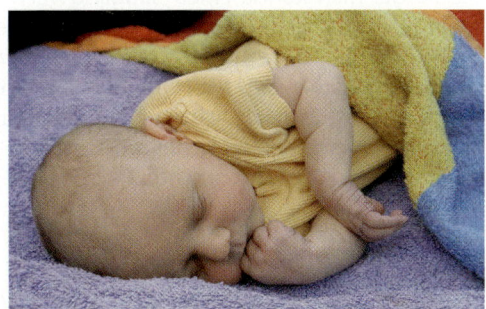

Seitenlage

- Das Baby sollte nicht zu warm angezogen werden. Die Bettdecke darf nicht zu schwer sein. Insgesamt hat sich die Anwendung eines Babyschlafsackes bewährt. Das Kind bleibt immer gut zugedeckt und kann sich die Decke nicht über das Gesicht ziehen.

- Die Zimmertemperatur sollte zwischen 17 und 20 °C liegen.

Aufgabe

Die Einrichtung in der Sie arbeiten plant die Öffnungszeiten zu verlängern. Das bedeutet, dass sie für die unter Dreijährigen einen Schlafraum einrichten müssen. Was würden Sie bei der Anschaffung der dafür notwendigen Materialien beachten? Wie würden Sie den Raum gestalten? Zeichnen Sie einen Entwurf!

Merke!
Der Schlafrhythmus des Babys ist bis zum sechsten. Monat biologisch gesteuert. Es macht keinen Sinn, dem Kind einen Rhythmus aufzwingen zu wollen. Es ist wichtig, auf die vom Kind geäußerten Bedürfnisse direkt zu reagieren.

Kann man Babys (v)erziehen?

„Eltern verhalten sich meist intuitiv richtig: Sie trösten ihr Neugeborenes, wenn es weint, sie nehmen es auf den Arm, wenn es erwartungsvoll schaut, sie kommen, wenn es aus dem Kinderbettchen maunzt.

Dass Eltern ihrem Baby jede erdenkliche Zuwendung geben, ist eine Selbstverständlichkeit – und biologisch auch notwendig. Denn in den ersten Wochen kann ein Mensch nicht überleben, wenn er nur gefüttert und gewickelt wird. Ein Baby braucht Aufmerksamkeit, Wärme und jemanden, der mit ihm redet. Und es braucht prompte Reaktionen. Das kleine Windelpaket immer erst fünf Minuten schreien zu lassen, bevor man ihm sein Fläschchen gibt oder es anderweitig beruhigt, ist nicht sinnvoll.

Viele Studien, die weltweit über das Schreiverhalten von Babys gemacht wurden, belegen: Reagieren Eltern prompt auf ihr Kind, schreit es mit der Zeit nicht häufiger, sondern weniger. Es lernt langsam, sich auch einmal eine Weile zu gedulden. Dagegen scheinen sich Babys, die immer erst minutenlang krakeelen müssen, an das Schreien als Mitteilungsform zu gewöhnen."
(Lewicki, 2005/2006, S. 50)

Die Sorge, man könne einen Säugling verwöhnen, ist unbegründet. Gerade in den ersten Lebensmonaten geht es darum, eine vertrauensvolle Beziehung zum Kind herzustellen. Das heißt: wenn ein Baby unruhig wird oder weint, hat es eine Ursache. Entweder liegt es nass und hat es deshalb kalt, hat Hunger, hat Schmerzen, braucht Beschäftigung, ist müde oder es hat das Bedürfnis nach Nähe und Zuwendung. Es ist wichtig, diese vom Kind geäußerten Bedürfnisse verstehen zu lernen und Ernst zu nehmen. So erfährt das Kind, dass es wahrgenommen, geachtet und geschätzt wird.

Umgang mit Schreibabys

Als Schreibabys gelten Kinder, die mindestens drei Stunden täglich an mindestens drei Tagen pro Woche über einen Zeitraum von mindestens drei Wochen schreien (sog. Dreierregel von Morris Wessel, 1954). Ein bis zwei Stunden Schreien am Tag ist für einen Säugling normal. Wie bereits beschrieben schreien Babys nie ohne Grund. Lässt sich ein Kind allerdings nicht beruhigen, obwohl nach allen möglichen Ursachen geforscht wurde, liegt die Vermutung nahe, dass es sich um ein Schreibaby handelt. In diesem Fall gilt, dass vor allem die betreuenden Personen Ruhe und Gelassenheit bewahren müssen. Hilfreich ist es, sich kleine Rituale zur Beruhigung des Kindes anzueignen:

- eine entspannende Lagerung anbieten (vgl. Kapitel 2.4.2 Halten und Tragen)
- den Bauch sanft streicheln

- das Baby massieren (vgl. Kapitel 2.5 Familienunterstützende Angebote)
- ein Lied singen oder einen Vers sprechen

Da kommen Mamas Hände

Ich bin das kleine Kuschelschaf
und streichle das Kindlein in den Schlaf.
Kribbel-krabbel Arme,
kribbel-krabbel Beine,
kribbel-krabbel Bäuchlein,

kribbel-krabbel Köpfchen,
kribbel-krabbel Öhrchen,
kribbel-krabbel Näschen,
kribbel-krabbel Hälschen klein,
und nun mein Kindchen, schlafe ein.

(auch mit Handpuppe oder Tierwaschhandschuh)

Kinder lieben solche Rituale. Außerdem ist es wichtig, dass das Baby seinen Rhythmus findet. Durch die Ausbildung fester Gewohnheiten helfen Sie dem Kind dabei, seinen Rhythmus zu finden.
In den meisten Städten gibt es mittlerweile sogenannte Schreiambulanzen, häufig in sozialpädiatrischen Zentren. Hier können sich die betroffenen Eltern professionelle Hilfe holen.

Nähere Informationen erhalten Sie z. B. im Internet unter www.elternimnetz.de oder bei einer Hebamme bzw. beim Kinderarzt vor Ort.

2.4.2 Halten und Tragen

Wie bereits schon beim Waschen des Babys ausgeführt, spielt die Art und Weise wie eine Berührung durchgeführt wird eine große Rolle beim Beziehungsaufbau zwischen dem Kind und seinen Bezugspersonen. So ist es auch beim Halten und Tragen des Babys wichtig, mit einem festem Griff Sicherheit zu vermitteln. Je nach Alter und Befindlichkeit des Säuglings können verschiedene Griffe angewendet werden.

Hinlegen und Hochnehmen

In den ersten Wochen ist es wichtig, beim Hinlegen und Hochnehmen des Säuglings seinen ganzen Körper zu unterstützen. Da er erst in der 7./8. Woche lernt, seinen Kopf selbst zu halten, muss vor allem auf das Stützen des Köpfchens geachtet werden. Dabei greift eine Hand unter das Gesäß, die andere Hand stützt die Schulter und den Kopf.

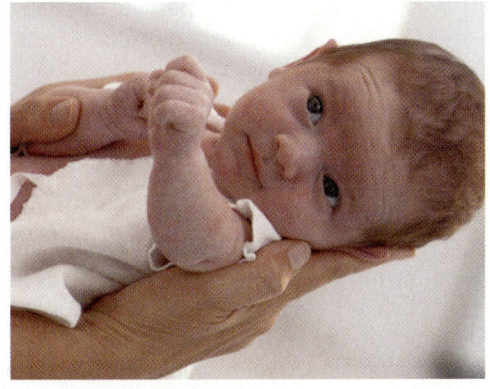

Der Bäuerchen- und Tröstegriff

In dieser Haltung kann sich das Baby mit dem Kopf an Ihre Schulter anschmiegen, oder es ruht mit dem Köpfchen auf Ihrer Schulter. Letzteres dann, wenn es das Köpfchen noch nicht selbst halten kann. Eine Hand stützt dabei den Rücken, die andere Hand stützt den Po. Dieser Griff stellt den größten Körperkontakt zwischen dem Kind und seinen Bezugs- oder Betreuungspersonen her und eignet sich daher gut, um das Baby zu trösten und zu beruhigen.

Wenn das Baby aufstoßen muss und dabei Reste der Mahlzeit mit ausgespuckt werden, können diese in einer Mullwindel aufgefangen werden, die sich die Betreuungsperson vorher über die Schulter gelegt hat.

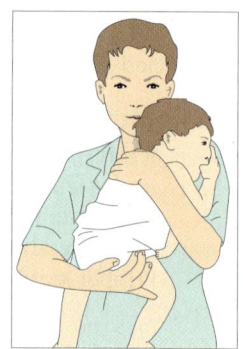

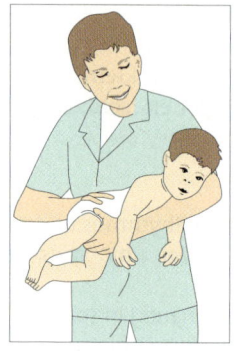

Der Fliegergriff

Hier liegt des Baby in Bauchlage auf dem Unterarm der Bezugs- oder Betreuungsperson. Das Köpfchen ruht dabei in der Ellenbeuge des Unterarms, die Hand des Unterarms umfasst den Oberschenkel des Babys. Mit der anderen Hand kann entweder der Rücken oder der Bauch des Babys sanft massiert werden.

Der Schaugriff

Wenn das Baby schon etwas älter ist, sein Köpfchen bereits selbst halten kann und schon etwas längere Wachphasen hat, dann möchte es auch etwas von der Welt sehen, die es umgibt. Um ihm dies zu ermöglichen, kann die Betreuungsperson mit ihrem Bauch den Rücken des Babys stützen. Das Baby sitzt dabei mit dem Po auf einer Hand, die andere Hand umfasst die Brust des Kindes.

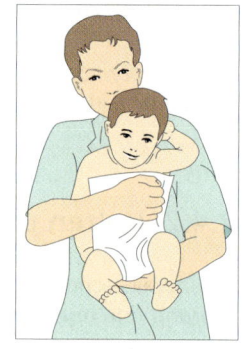

Der Arbeitsgriff

Dieser Griff eignet sich, wenn die Betreuungsperson eine freie Hand braucht. Mit dem Arm, der nicht frei bleiben soll, wird unter der einen Achsel des Babys durchgegriffen und der Oberschenkel der anderen Körperseite des Babys umfasst. Der Kopf wird dabei durch den Oberarm gestützt.

Der Reitergriff

Wache und muntere Babys, die bereits älter sind, mögen es auch, wenn sie mit gespreizten Beinen auf der Hüfte der Betreuungsperson sitzen können. Dabei stützt der Arm, auf dessen Seite das Baby sitzt, den Rücken, der andere Arm stützt den Oberschenkel und den Po. Beim Halten und Tragen sollten die Betreuungspersonen darauf achten, ihren Rücken zu schonen. Es bietet sich an, beim Tragen des Kindes ein Bein leicht erhöht entweder auf einen Schemel oder einen Treppenabsatz zu stellen. Oder aber man setzt sich zwischendurch mit dem Kind gemeinsam auf die Krabbeldecke. Dies schafft schon Entlastung.

2.5 Familie und familienunterstützende Angebote

2.5.1 Infant Handling

Der Begriff Infant Handling ist verbunden mit dem kinästhetischen Bewegungskonzept, das von Lenny Maietta und Frank Hatch entwickelt wurde. Es ist ein Konzept, dass die Gesundheitsentwicklung von bewegungseingeschränkten Menschen fördert. Über die bewusste Wahrnehmung des Körpers wird an die noch vorhandenen Bewegungsmuster angeknüpft. So kann der bewegungseingeschränkte Mensch darin unterstützt werden, neue Bewegungsformen für sich zu entwickeln, die er eigenständig, schmerzfrei und möglichst ohne Anstrengung ausführen kann.

Literaturtipp:
Hatch, Frank/Maietta, Lenny: Kinästhetik. Gesundheitsentwicklung und menschliche Aktivitäten, 2. Auflage, Urban & Fischer, München, 2003.

Kinese = Bewegung
Ästhese = Wahrnehmung
Die Kinästhetik ist ein Bewegungskonzept, bei dem es um die Wahrnehmung von Bewegungen geht.

D

Infant = Kind
Handling = berühren, bewegen
Beim Infant Handling geht es darum, das Kind bewusst zu bewegen und zu berühren.

D

So wie bewegungseingeschränkte Menschen ihren Körper neu erfahren, wahrnehmen und bewegen, so werden die Neugeborenen darin unterstützt, ihren Körper in der neuen Umgebung wahrzunehmen und zu bewegen. Neugeborene kommen mit einem enormen Entwicklungspotenzial auf die Welt. Im Mutterleib haben sie bereits gelernt, sich zu bewegen, zu drücken, zu schmecken, zu hören, zu riechen. Nun geht es darum, dem Kind dabei zu helfen, diese Fähigkeiten weiterzuentwickeln.

Infant Handling wird in Kursen von entsprechend ausgebildeten Trainern angeboten. Oft ist Infant Handling auch ein Bestandteil der Ausbildung zur Gesundheits- und Kinderkrankenpflegerin. In diesen Kursen wird gelehrt, wie die Körperfunktionen und die Aktivitäten des täglichen Lebens durch einfache Lagerungen und Bewegungen unterstützt werden können. Es wird darüber hinaus vermittelt, wie man den typischen Problemen wie Unruhe, Schreien, Einschlafschwierigkeiten, Blähungen und Dreimonatskolik vorbeugen kann.

Durch dieses bewegungsfördernde Handling wird dem Kind geholfen, sein Können weiterzu-

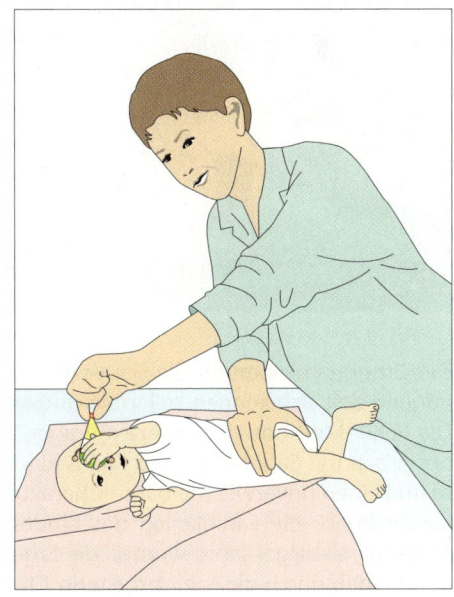

Aktives Drehen des Beckens unterstützt die Darmtätigkeit des Kindes.

entwickeln, es anzuwenden und zu üben. Das vermittelt Sicherheit und die Kinder werden aufmerksamer und reagieren bewusster.

Beispiele
Es wird so gewickelt, dass immer eine Hand bewusst beim Kind bleibt. Braucht die Betreuungsperson doch mal beide Hände, so wird dem Kind als Übergang ein Stofftier gegeben.

2.5.2 Das Prager-Eltern-Kind-Programm (PEKiP)

Beim Prager-Eltern-Kind-Programm (PEKiP) geht es darum, das Kind in seinem ersten Lebensjahr in seiner Entwicklung wahrzunehmen und zu beobachten, um es spielerisch begleiten, unterstützen und fördern zu können. Den Eltern werden in Kursen mit maximal acht Kindern Spiel- und Bewegungsanregungen vermittelt, die dem Kind Lern- und Entwicklungsimpulse bieten. Dabei lernen die Eltern ihr Kind intensiv zu beobachten und die Reaktionen ihres Kindes besser zu verstehen und einzuschätzen. Der Beziehungsaufbau zum Kind wird dadurch gefestigt.
Aber auch der Kontakt der Kinder untereinander spielt eine große Rolle. So machen die Kinder erste Erfahrungen im Umgang mit Gleichaltrigen.

Die Gruppen bleiben für die Dauer des gesamten Kurses stabil. So bleibt auch den Eltern genügend Zeit sich kennen zu lernen und sich miteinander auszutauschen.
Die PEKiP-Methode geht auf den Prager Psychologen Jaroslav Koch zurück. Dieser hat in seiner Arbeit mit Säuglingen und Kleinstkindern erkannt, dass jedes Kind ganz besondere Talente und einen unverwechselbaren Charakter hat. Für die Betreuungspersonen steht deshalb im Vordergrund, die Fähigkeiten des Kindes zu erkennen und diese optimal zu unterstützen. Mitte der siebziger Jahre wurden die Ergebnisse seiner Forschungen in Deutschland bekannt und fanden durch die Sozialarbeiterin Christa Ruppelt und ihren Kolleginnen Verbreitung. Sie entwickelten die PEKiP-Methode als spezielle Gruppenarbeit für Eltern und ihre Kinder im ersten Lebensjahr weiter, organisierten Fortbildungen und bildeten Gruppenleiterinnen aus.

Die PEKiP-Kurse basieren auf der Erkenntnis, dass es Säuglingen heute an Bewegung mangelt. „Gleich nach der Geburt wird den Babys die freie Bewegung erschwert, wenn wir sie lange ins Bett oder in den Kinderwagen legen, ihnen zu enge Kleidung anziehen oder sie zu fest wickeln" (Polinski, 2008, S. 211). Aus diesem Grund sind in den PEKiP-Kursen die Babys immer nackt, denn ein nacktes Kind bewegt sich freier als ein angezogenes. Die Kurse beginnen ab der vierten bis sechsten Lebenswoche des Kindes und finden einmal wöchentlich statt.

Beispiele

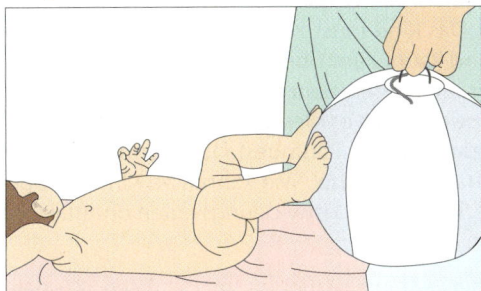

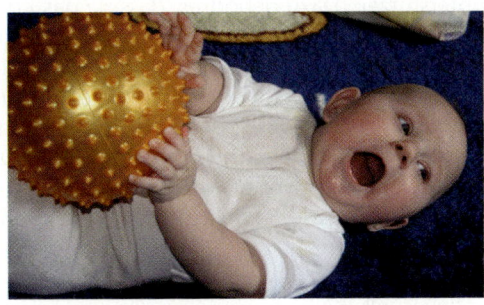

Treten gegen einen Wasserball
Ein Wasserball wird mit einer Schnur am Ventil befestigt. So kann der Ball mit einer Hand leicht gegen die Fußsohlen des Babys gehalten werden. Das Baby wird versuchen, den Ball mit seinen Fußsohlen aktiv wegzudrücken.

Anregung im zweiten Vierteljahr
„Am Ende des ersten Lebenshalbjahres überreicht das Kind den Ball von den Füßen an die Hände und umgekehrt" (Polinski, 2008, S. 114).

Spielmaterialien
Hier gilt, dass die Kinder mit Gegenständen des täglichen Lebens spielen dürfen z. B. mit Gegenständen aus dem Haushalt, einer Plastikflasche, einem Kochlöffel, einer Schachtel etc.
Viele anregende Spielzeuge können auch leicht selbst hergestellt werden z. B. kleine Fühlsäckchen gefüllt mit Linsen o. ä.

Sowohl für das Infant Handling als auch für die PEKiP-Methode gilt: es geht um die frühe Förderung der Entwicklung des Kindes. Im Mittelpunkt beider Konzepte steht dabei die bewusste Wahrnehmung und Anregung der Bewegung des Kindes. Dem Kind werden Anregungen und Impulse geboten, die es aktiv aus sich selbst heraus annehmen und für sich verarbeiten und umsetzen kann. Die Bedeutung, die Bewegung und Wahrnehmung für die Entwicklung des Kindes haben, ist bereits von Piaget erkannt worden. Er hat in seiner Theorie der Denkentwicklung die sensomotorische Stufe als die erste Stufe der Denkentwicklung des Kindes beschrieben, siehe hierzu auch Kapitel 5.4 Die Denkentwicklung (vgl. Piaget, 1969).

Aufgaben

A

1. *Recherchieren Sie im Internet zu den Stichworten Infant Handling und PEKiP. Welche Informationen haben Sie gefunden? Tauschen Sie sich in der Klasse aus.*
2. *Was wissen Ihre Praxisanleiterinnen über diese Konzepte? Werden im Berufsalltag der Kindertagesstätten bereits Methoden praktiziert, hinter denen die Ideen dieser Konzepte stehen?*
3. *Haben Sie bei Ihren Nachforschungen noch andere Hinweise auf Frühförderkonzepte gefunden? Wenn ja, welche sind das und worin unterscheiden sie sich von den hier beschriebenen?*
4. *Diskutieren Sie abschließend darüber, inwiefern es sinnvoll sein könnte, sich in einem dieser Konzepte fortbilden zu lassen!*

2.5.3 Anregungen für die Kinderkrippe

In den Bildungsplänen, die mittlerweile in jedem Bundesland die Grundlage für die pädagogische Arbeit in Kindertageseinrichtungen sind, wird das Kind von Geburt an als eigenständige Persönlichkeit betrachtet. Es ist von Beginn an selbst aktiv und entwickelt sich aus sich selbst heraus.

Für die pädagogischen Fachkräfte ergibt sich daraus die Pflicht, die Entwicklung des Kindes zu unterstützen. Dazu gehört es, dass sie das Kind aufmerksam beobachten und ihm rechtzeitig die geeigneten Impulse und Anregungen bieten. Das Kind muss zu jeder Zeit in seiner Eigenständigkeit gefördert werden, es muss ihm Zeit und Raum zum Üben und Ausprobieren seiner eigenen Lösungswege gegeben werden. Dafür braucht es eine anregende Umgebung, in der das Kind seinen Bedürfnissen entsprechend aktiv sein kann. Vor diesem Hintergrund muss nun überlegt werden, wie die Fragen nach dem Tagesablauf, der Raumgestaltung und der Materialauswahl beantwortet werden sollen. Die Leitfrage heißt also: Wie kann eine Kinderkrippe eingerichtet werden, um Kleinstkinder in ihren verschiedenen Entwicklungsstufen optimal fördern zu können?

Der Erziehungswissenschaftler Schäfer sieht in den Alltagssituationen wie Schlafen, Körperpflege und Essen komplexe Lernsituationen. Das Kind sieht sich einem Problem gegenübergestellt und macht sich daran, dieses zu lösen. Dementsprechend geht auch das Hamburger Raumgestaltungskonzept davon aus, dass der Alltag für die Kinder das vorrangige Lernfeld ist. Kinder machen sich im Alltag ständig mit der Welt der Erwachsenen vertraut. Deshalb muss der Alltag mit den Säuglingen und Kleinkindern so gestaltet werden, dass bei jeder Tätigkeit genügend Zeit und Raum bleibt, um Neues zu entdecken, zu erleben und zu erfahren. Das bedeutet, dass Tätigkeiten wie das Wickeln, das Essen, das Waschen, das Schlafen nicht als notwendige Routine in ein Zeitschema gestopft werden, sondern, dass sie als Tätigkeiten begriffen werden, die mit Interesse, Neugier und Eifer bewusst erfasst und erfahrbar gemacht werden wollen.

Beispiel: Bewegung fördern und anregen
*Die Einteilung des Raumes in verschiedene Ebenen, mit Höhlen und Klettermöglichkeiten bietet den Kindern den Anreiz dafür, sich allmählich den Raum zu erobern. Es kann sich zunächst auf dem Boden ausbreiten, sich dann an verschiedenen Stellen im Klettern und hochziehen ausprobieren, bis es letztlich auf der letzten Ebene, dem Raum unter der Decke angekommen ist. So wird der gesamte Raum, der zur Verfügung steht nutzbar gemacht. Er wird zum **Entdeckerraum**, in dem es auch ausreichend Höhlen und Nischen gibt, die zum Erforschen einladen und darüber hinaus dem Bedürfnis nach Geborgenheit und Rückzug Rechnung tragen.*

Beispiel: Wickelplatz

Wie bereits schon im Kapitel über das Wickeln erwähnt wurde, ist die Zeit zum Wickeln auch die Zeit für Zuwendung und sollte in diesem Sinne auch intensiv genutzt werden. Damit das Wickeln nicht schnell und routinemäßig geschieht, sollte darauf geachtet werden, dass der Wickeltisch auch schon größeren Kindern genügend Platz bietet und von ihnen beispielsweise über eine Treppe selbstständig erreicht werden kann. Eine schöne Idee ist es auch, einen Spiegel über dem Wickeltisch anzubringen (vgl. von der Beek, 2008, S. 122 f)!

Auf jeden Fall sollte sich neben dem Wickeltisch ein Waschbecken befinden und er sollte im Sanitärraum integriert sein.

Beispiel: Waschen

Jedes Kind braucht seine Zeit, hat sein eigenes Entwicklungstempo. Ein Kind gerät beispielsweise beim Händewaschen ins Spielen. Es probiert aus, wie sich Seife auf der Haut anfühlt, wie sich kaltes oder warmes Wasser anfühlt, wie der Wasserhahn auf und zu geht usw. Eine allzu strenge Zeitplanung würde hier den Kindern den Raum nehmen, den sie brauchen, um ihre Umwelt bewusst wahrzunehmen und zu erleben.

Von der Beek fordert deshalb, dass es in jeder Krippe für die Kinder eine Möglichkeit zum Plantschen geben sollte, z. B. ein Duschbecken (vgl. von der Beek, 2008, S.33 ff.).

Für die pädagogische Fachkraft bedeutet dies dreierlei: Erstens, sie kann sich dieser Alltagssituation mit ganzer Aufmerksamkeit widmen, weil sie weiß, dass dies eine pädagogisch bedeutsame Situation ist. Zweitens, sie sollte die Übergänge zwischen Alltagsverrichtung und Spiel aufmerksam wahrnehmen und, wenn möglich, unterstützen. Drittens, sie sollte den Kindern durch Raumgestaltung und Materialauswahl tägliche Aufgaben stellen und nicht ihr Hauptaugenmerk auf besondere Angebote legen (vgl. Von der Beek, 2008, S. 35).

Aufgaben

A

1. Welche tägliche Aufgaben können Sie den Kindern im Alltag stellen? Entwickeln Sie in Partnerarbeit einige Ideen und stellen Sie diese der Klasse vor.
2. Im Kapitel 2.4.1 Ruhen und Schlafen haben Sie sich mit der Einrichtung eines Schlafraumes für Babys auseinandergesetzt. Knüpfen Sie daran an und überlegen Sie, wie Sie den Tagesraum einer Kinderkrippe gestalten würden. Halten Sie Ihre grundsätzlichen Überlegungen schriftlich fest und entwerfen Sie einen Plan.

2.5.4 Rechtliche Rahmenbedingungen und Anforderungen

Im Wesentlichen orientiert sich die pädagogische Arbeit in den Kindertagesstätten auf die im Bundesgesetz und den jeweiligen Landesgesetzen beschriebenen Vorgaben. Seit Dezember 2008 gilt für Deutschland zusätzlich das Kinderförderungsgesetz (KiföG). In diesem Gesetz wird der Anspruch der unter 3-Jährigen auf Förderung in Tageseinrichtungen und in Kindertagespflege festgelegt. In allen Gesetzen ist dasselbe Ziel beschrieben: das Kind soll sich zu einer eigenständigen und gemeinschaftsfähigen Persönlichkeit entwickeln.

Grundsätzlich lässt sich für die Betreuung der unter 3-Jährigen zusammenfassend feststellen:

- Den Kindern muss ein familienergänzender Lebensraum angeboten werden, in dem sie auch das Zusammenleben mit anderen Kindern lernen können.

- Den Kindern müssen ihren individuellen Bedürfnissen entsprechend verschiedene Handlungs- und Erfahrungsspielräume geboten werden.

- Es muss eine anregende Umgebung gestaltet werden, die dem Bewegungs- und Erkundungsdrang der Kinder entgegenkommt.

- Die Eltern haben bei der Betreuung, Erziehung und Bildung ihrer Kinder ein Mitsprache- und Mitwirkungsrecht. Es ist deshalb wichtig, auf eine gute und enge Zusammenarbeit mit den Eltern zu achten.

- Die pädagogischen Fachkräfte sollten möglichst kontinuierlich für die Kinder zuständig sein. Das heißt, ein ständiger Wechsel des Personals oder auch zu wenig Personal wirken sich ungünstig auf die Betreuungssituation aus.
(vgl. Schmerkotte, 2002, S. 18)

Darüber hinaus müssen die Richtlinien zur Sicherheit im Hinblick auf Unfallverhütung oder im Rahmen der Aufsichtspflicht eingehalten werden.

3 Ernährung

3.1 Ernährung im Säuglingsalter

Essen ist für einen Erwachsenen ein selbstverständlicher Vorgang. Wir halten uns im Allgemeinen an geregelte Essenszeiten: das Frühstück, das Mittagessen und das Abendessen. Als Zwischenmahlzeiten nehmen wir meist ein belegtes Brot, ein Stück Obst oder ein Milchprodukt z. B. einen Joghurt oder eine Quarkspeise zu uns. Wie häufig wir essen, ob wir überhaupt etwas essen, oder wie viel und was wir essen entscheiden wir selbstständig. Viele Essgewohnheiten sind von den Vorlieben und dem jeweiligen Ernährungsbewusstsein eines Menschen geprägt. So ist der eine ein überzeugter Vegetarier oder sogar Veganer, der andere liebt ein saftiges Steak. Unabhängig von der jeweiligen Ernährungsform sollte es jedoch ein verbindendes Glied bei der Ernährung geben: die Ernährung sollte für jeden Menschen einen Genuss darstellen und ihn zufrieden stellen.

Aufgaben

A

1. *Denken Sie über Ihre eigenen Essgewohnheiten nach. Was essen Sie am Liebsten, was schmeckt Ihnen überhaupt nicht? Welche Gefühle werden in Ihnen wachgerufen, wenn Sie an Ihr Lieblingsessen denken?*
2. *Stellen Sie sich vor, Sie könnten Ihre Hände nicht benutzen. Eine andere Person richtet Ihnen nun das Essen an und hilft Ihnen bei der Nahrungsaufnahme. Welche Gefühle verbinden Sie mit dieser Situation?*
3. *Welche Wünsche und Anforderungen hätten Sie an die Person, die Ihnen beim Essen hilft?*
4. *Experimentieren Sie doch ein wenig: Gestalten Sie verschiedene Situationen, in denen Sie Ihren Klassenkameraden beim Essen helfen.*

Bei der Ernährung des Säuglings handelt es sich um ein schrittweises und behutsames Heranführen an das Essen der Erwachsenen. Dabei muss beachtet werden, dass das Verdauungssystem des Kindes erst nach der Geburt zur Reife kommt. Das hat zur Folge, dass die Zusammensetzung der Nahrung des Kindes seinem körperlichen Entwicklungsstand und damit zusammenhängend seinem Alter entsprechen muss. Damit Eltern und pädagogische Fachkräfte diesbezüglich eine Orientierung haben, gibt es Ernährungstabellen, die Aufschluss darüber geben, welche Nahrungsmittel dem Säugling in welchem Alter zugeführt werden dürfen.

Das Schema auf S. 50 macht recht gut deutlich, in welchen Schritten die Ernährung des Säuglings verläuft: In der ersten Zeit wird das Baby mit Milch ernährt. Etwa ab dem sechsten Monat wird langsam die Beikost eingeführt. Als Beikost wird alles bezeichnet, was dem Säugling zusätzlich zur Mutter- bzw. Säuglingsmilch an Nahrungsmitteln gegeben wird. Diese besteht aus Gemüse, Obst, Getreide und Milch. Diese Nahrungsmittel werden zunächst in Breiform verabreicht, da der Säugling noch keine Zähne hat und somit die Nahrung noch nicht selbst zerkleinern kann. Sobald die ersten Zähnchen da sind, kann festere Kost z. B. ein Stück Brot oder Apfel gegeben werden.

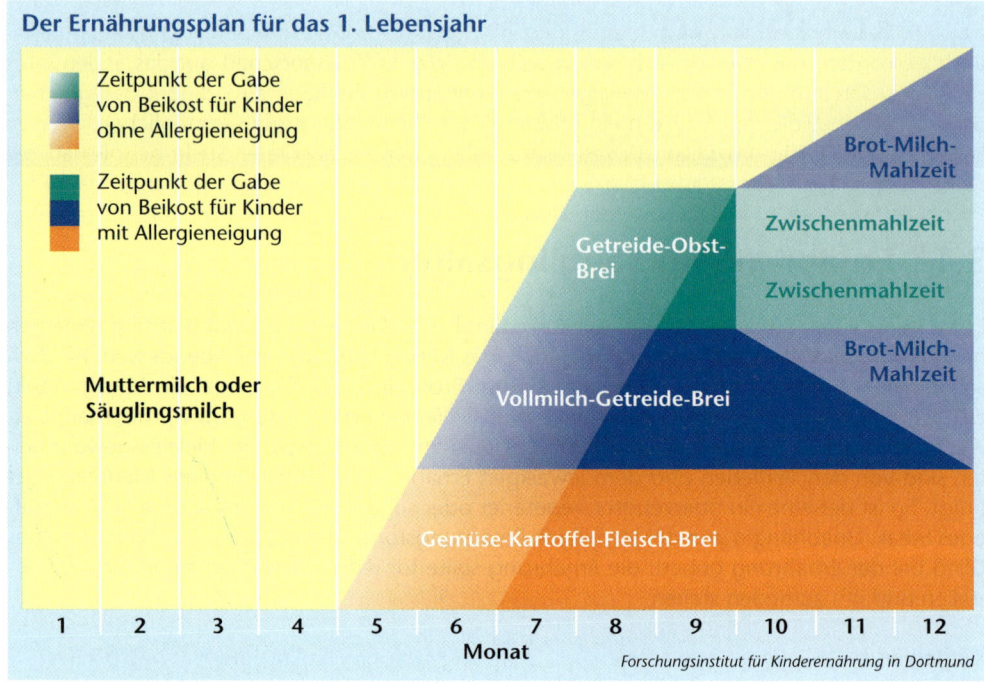

Der Ernährungsplan für das 1. Lebensjahr

Zeitpunkt der Gabe von Beikost für Kinder ohne Allergieneigung

Zeitpunkt der Gabe von Beikost für Kinder mit Allergieneigung

Muttermilch oder Säuglingsmilch

Brot-Milch-Mahlzeit

Getreide-Obst-Brei

Zwischenmahlzeit

Zwischenmahlzeit

Brot-Milch-Mahlzeit

Vollmilch-Getreide-Brei

Gemüse-Kartoffel-Fleisch-Brei

Monat 1 2 3 4 5 6 7 8 9 10 11 12

Forschungsinstitut für Kinderernährung in Dortmund

In dieser Grafik ist der tägliche Bedarf an Flüssigkeit, den das flaschenernährte Baby zusätzlich braucht nicht berücksichtigt. Der Richtwert für die Flüssigkeitszufuhr eines Säuglings beträgt pro Tag und pro kg Körpergewicht 110–130 ml Wasser (Schlieper, 2003, S. 239). Dies entspricht einer Tagestrinkmenge von einem Sechstel des kindlichen Körpergewichts. Ab dem vierten Monat reduziert sich die Tagestrinkmenge auf ein Siebtel des kindlichen Körpergewichts (Finckelstein-Regel, vgl. Geist, 1995, S. 383). Ein vollgestilltes gesundes Kind benötigt keine zusätzliche Flüssigkeit, da die Muttermilch alles bietet, was das Kind braucht.

Merke!
Die Tagestrinkmenge eines flaschenernährten Säuglings beträgt ca. 600 ml!

Bieten Sie dem Kind Wasser an. Achten Sie darauf, dass das Wasser für die Säuglingsernährung geeignet ist. Erlaubt ist auch ein Fencheltee bei Blähungen.

3.1.1 Das Stillen

Wie bereits beschrieben, ist die erste Nahrung für das Baby die Milch. Es ist heute unumstritten, dass Muttermilch die beste Nahrung für das Kind ist.
War man in den 1970er Jahren noch der Auffassung, dass die industriell hergestellte Säuglingsnahrung Vorteile gegenüber dem Stillen hätte, ist heutzutage die gegenläufige Meinung vorherrschend: es gibt nichts, was das Stillen des Kindes und die Muttermilch so gut ersetzen kann. An dieser Umkehr des Denkens im Hinblick auf die Ernährung des Säuglings waren letztlich viele engagierte Mütter, Hebammen, Ärzte und andere Fachleute beteiligt. Ihr Engagement mündete in der Einrichtung der nationalen Stillkommission, die 1994 gegründet wurde. Auf der Grundlage der WHO-Unicef-Initiative[1] für ein babyfreundliches Krankenhaus hat die nati-

---

[1] *WHO (engl.): Weltgesundheitsorganisation; Unicef (engl.): Internationales Kinderhilfswerk*

onale Stillkommission Stillempfehlungen für die Säuglingszeit erarbeitet. So ist es heute Standard geworden, dass Mütter sich schon während der Schwangerschaft auf das Stillen ihres Kindes vorbereiten und in den jeweiligen Krankenhäusern die Rahmenbedingungen geschaffen worden sind, die den Müttern ein problemloses Stillen ihres Kindes ermöglichen.

Um die Vorteile, die das Stillen bietet, darzustellen, werden an dieser Stelle beispielhaft die Stillrichtlinien für familienfreundliche Geburtshilfe am Evangelischen Diakoniekrankenhaus Freiburg vorgestellt. Diese wurden von der dortigen Arbeitsgruppe Stillrichtlinien folgendermaßen formuliert:

Vorteile des Stillens für das Kind	Vorteile des Stillens für die Mutter
• Muttermilch enthält alles, was ein Baby zum optimalen Gedeihen braucht. • Stillen stimuliert alle Sinne des Babys. Es schmeckt, riecht, fühlt, hört und sieht seine Mutter. • Stillen schützt vor Infektionskrankheiten, weil Muttermilch wertvolle Abwehrstoffe enthält. • Stillen schützt vor Allergien, weil keine „fremden" Nahrungsbestandteile das Immunsystem irritieren können. • Das Saugen an der Brust kräftigt die Muskulatur des Mundes und fördert so die Sprachentwicklung. • Ein gestilltes Kind kann nicht überfüttert werden, Verdauungsprobleme sind selten. • Stillen ist Suchtprophylaxe.	• Stillen fördert die Bindung zwischen Mutter und Kind. • Stillen fördert die Rückbildung der Gebärmutter. • Stillen ist praktisch, erspart viel Zeit und Geld. • Stillen erleichtert die Mobilität mit dem Baby – man hat immer alles dabei. • Berufstätigen Müttern stehen Stillzeiten gesetzlich zu. • Statistisch gesehen verringern Stillzeiten das Risiko an Brustkrebs oder Eierstockkrebs zu erkranken. • Stillen verringert das Osteoporose-Risiko. • Stillen ist ökologisch.

(vgl. Evangelisches Diakoniekrankenhaus, 2003)

Aufgaben   A

1. Suchen Sie im Internet nach Informationen, die die Vorteile des Stillens, so wie sie in der Ihnen vorliegenden Liste aufgezählt sind, belegen.
   www.lalecheliga.de
   www.babyfreundlich.org

2. Finden Sie heraus, welche Mutter aus Ihrem Freundes-, Familien- oder Bekanntenkreis gestillt hat. Bitten Sie diese Mutter Ihnen von Ihren Stillerfahrungen zu berichten. Verfassen Sie ein Protokoll zu diesem Bericht.
3. Tauschen Sie sich mit Ihren Klassenkameradinnen darüber aus. Was haben Sie an neuen Informationen erhalten? Welche zusätzlichen Fragen haben sich ergeben?

Von der WHO wird eine Stilldauer von sechs Monaten empfohlen. Ob gestillten Kindern zusätzlich ungesüßter Tee oder Wasser angeboten werden sollte, ist umstritten.

3.1.2 Die Flaschennahrung

Die industriell hergestellte Milchnahrung ähnelt der Muttermilch in ihrer Zusammensetzung. Sie ist außerdem angereichert mit prebiotischen Ballaststoffen (**Pre**biotika). Das sind Stoffe, die am Aufbau einer gesunden Darmflora (Darmflora = Keimbesiedlung des Darmes) und an der Infektabwehr des Babys beteiligt sind.

Milchnahrung, die die Muttermilch ersetzt:

PRE-Milch, Anfangsmilch
● ähnelt der Muttermilch
   (dünnflüssig, leicht zu verdauen, wenig Eiweiß und Mineralien
   → prebiotische Ballaststoffe)
● 1.– 6. Lebensmonat

Säuglingsnahrung Typ 1 ● ähnelt PRE-Milch, ist aber sämiger und sättigender ● 1.-12. Lebensmonat
Säuglingsnahrung Typ 2 ● heißt auch Folgemilch ● ab 5. Lebensmonat
HA-Milch ● HA steht für hypoallergen, d.h. keine Zusätze, die allergische Stoffe enthalten ● als Anfangs- und Folgemilch erhältlich
Säuglingsnahrung auf Sojabasis ● vegetarische Ernährung ● bei einigen Stoffwechselerkrankungen notwendig

Kuhmilch kann dem Baby in den ersten Monaten nicht unverdünnt gegeben werden. Der hohe Eiweißanteil ist für die Nieren des Säuglings schädlich. Der Begriff adaptierte oder teiladaptierte Säuglingsnahrung weist darauf hin, dass der Eiweißanteil der Kuhmilch an die körperlichen Bedingungen des Säuglings angepasst wurde.

Tipps für das Flasche geben

Hygiene

Es ist wichtig, dass bei der Ernährung des Säuglings mit der Flasche auf Sauberkeit geachtet wird. Die Fläschchen und die Sauger müssen sterilisiert werden. Bei der Heißsterilisation werden die Flaschen zehn Minuten lang in heißem Wasser ausgekocht oder in einem Dampfsterilisator sterilisiert.

Die Flaschen müssen anschließend staubfrei gelagert werden. Außerdem sollten die Sauger spätestens nach sechs Wochen erneuert werden; durch den ständigen Kontakt des Materials der Sauger mit dem Speichel und der Nahrung des Babys werden Stoffe aus dem Sauger herausgelöst, die so in den Verdauungstrakt des Säuglings gelangen und sich schädlich auswirken können. Ab dem sechsten Lebensmonat verfügt das Kind über genügend Abwehrstoffe, sodass auf die Sterilisation der Flaschen jetzt verzichtet werden kann.

Zubereitung

Die Milchprodukte für die Säuglingsnahrung sind im Handel als Pulver erhältlich. Das Pulver wird mit abgekochtem Leitungswasser oder abgefülltem Wasser, das für die Zubereitung von Säuglingsnahrung geeignet ist, hergestellt. Die genauen Anleitungen zur Herstellung sind auf den jeweiligen Packungen der handelsüblichen Produkte beschrieben. Sie müssen genau eingehalten werden, da sonst die babygerechte Zusammensetzung der Nahrung nicht gewährleistet ist.

Flasche geben

Beim Flasche geben sollten folgende Punkte eingehalten werden:

- Die Trinktemperatur überprüfen: einige Tropfen der hergestellten Säuglingsnahrung auf die Innenseite des Handgelenks tropfen lassen. Die Nahrung darf auf keinen Fall zu heiß verabreicht werden! Die Trinktemperatur liegt bei 37°C, also Körpertemperatur.

- Für eine ruhige und ungestörte Atmosphäre sorgen und dem Baby die ungeteilte Aufmerksamkeit schenken. Wichtig: für eine bequeme Sitzmöglichkeit sorgen (Sessel oder Sofa!).

- Geduldig bleiben, auch wenn das Trinken nicht immer gleich auf Anhieb klappt; aufkommende Nervosität überträgt sich auf das Baby.

- Darauf achten, dass der Sauger beim Trinken immer mit Milch gefüllt ist, damit das Kind nicht zu viel Luft schluckt.

- Auf die richtige Größe des Saugerlochs achten. Ist es zu weit, bekommt das Kind zu viel Nahrung auf einmal in den kleinen Magen. Ist das Loch zu klein, bekommt es zu wenig Nahrung und schläft meist durch Überanstrengung beim Trinken vorzeitig ein. Es gibt im Handel verschiedene Sauger mit verschiedenen Lochgrößen. Das Saugerloch ist groß genug, wenn die Flasche umgedreht wird und ein Tropfen pro Sekunde herausfließt.

- Die ideale Trinkdauer beträgt etwa 15 bis 20 Minuten. Beim Flasche geben sollten regelmäßige Pausen eingelegt werden, bei denen das Baby ein Bäuerchen zur Luftentweichung machen kann.

Aufbewahrung

Muttermilch darf in fest verschließbaren Gefäßen im Kühlschrank 24 Stunden aufbewahrt werden. Bei einer Temperatur von 4°C ist sie auch bis zu drei Tagen haltbar, im Tiefkühlfach bis zu sechs Monaten. Die Milch kann unter fließendem Wasser oder im Wasserbad erwärmt werden; auch Babykostwärmer sind zum Aufwärmen geeignet. Das Aufwärmen der Milch in der Mikrowelle ist nicht erlaubt. Einmal erwärmte Milch und Reste dürfen nicht mehr weiter verwendet werden. Die Aufbewahrung von fertiger Säuglingsmilchnahrung wird nicht empfohlen.

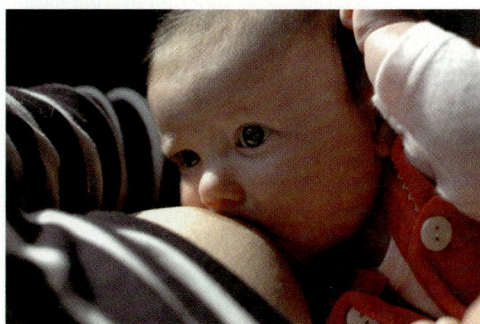 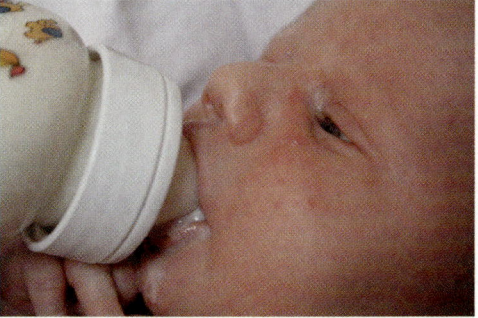

Beim Stillen und Flasche geben sorgen liebevolle Zuwendung und ungeteilte Aufmerksamkeit für eine vertrauensvolle Bindung zwischen dem Kind und seiner Bezugsperson. Dies ist eine Voraussetzung für eine stabile Persönlichkeitsentwicklung des Kindes.

3.1.3 Die Beikost

Zwischen dem sechsten und dem siebten Lebensmonat kann damit begonnen werden, eine Milchmahlzeit durch ein neues Nahrungsmittel zu ersetzen. Das Kind ist jetzt so weit entwickelt, dass sein Bedarf an Nahrungsmitteln nicht mehr ausschließlich durch die Milchnahrung gedeckt werden kann. Es braucht zusätzliche Mineralstoffe, Vitamine und Kohlenhydrate. Außerdem beginnt der Säugling sich in dieser Zeit für das Essen der Erwachsenen zu interessieren. Das Kind wird deshalb auch bereit sein, sich vom Saugen auf die Nahrungsaufnahme mit dem Löffel umzustellen. Auch dies ein neuer Lernprozess, der sorgfältig und aufmerksam begleitet werden muss.

Tipps zur Umstellung der Ernährung auf den Löffel:
- Auch hier gilt es, mit Ruhe, Zeit und an einem bequemen und gemütlichen Platz den Säugling an den Löffel zu gewöhnen.
- Das Baby sollte gut ausgeschlafen und entspannt sein, denn dann ist es interessiert, etwas Neues zu erleben und zu erlernen. Üblicherweise wird die Mittagsmahlzeit als erste Mahlzeit ersetzt.
- Es wird mit kleinen Mengen begonnen. (Gemüsemus zu Anfang, vgl. Beikost-Grundrezepte). Das Kind saugt quasi die Nahrung vom Löffel. Eventuell ist es dabei hilfreich für das Kind, wenn es beim Schlucken ein Fingerchen in den Mund steckt und daran saugt.
- Anfangs kommt es oft vor, dass das Baby die Nahrung mit der Zunge wieder aus seinem Mund stößt. Es braucht dann einfach noch ein wenig Zeit, bis es die neue Darreichungsform begriffen hat.
- Wenn das Baby ein paar Löffel gegessen hat und dann nicht mehr möchte, ist es entweder satt oder hat genug von der neuen Anstrengung. Danach kann ihm noch die Brust oder das Fläschchen angeboten werden.
- Breireste werden nicht aufbewahrt. Es werden eher kleine Mengen jedes Mal frisch zubereitet.
- Wichtig ist es, das Baby für seine erfolgreichen Essversuche zu loben.
- Noch ein kleiner, aber wichtiger Hinweis:
  Die Hände des Kindes landen oft im Breiteller oder greifen zum Löffel. Das ist normal. Das Baby möchte das Essen anfassen und wortwörtlich begreifen, so wie es in diesem Entwicklungsalter alles in den Mund steckt und mit den Händen berührt. Um Stress zu vermeiden, weil die Kleidung und alles was sich in Reichweite des Babys befindet mit dem Essen verschmiert wird, sollten Windeln oder Geschirrtücher als Wäscheschutz bei der Darreichung des Essens benutzt werden. Eine gut vorbereitete Umgebung trägt dazu bei, dass **das Essen lernen** Spaß macht!

In folgender Tabelle ist sehr schön veranschaulicht, wie sich der schrittweise Kostaufbau des Babys gestalten lässt.

	morgens	vormittags	mittags	nachmittags	abends
1. bis 4. Monat	Milch[1]	Milch	Milch	Milch	Milch
ab 5. Monat	Milch	Milch	Gemüse-Kartoffel-Fleisch-Brei	Milch	Milch
ab 6. Monat	Milch	Milch	Gemüse-Kartoffel-Fleisch-Brei	Milch	Vollmilch-Getreide-Brei
ab 7. Monat	Milch	Milch	Gemüse-Kartoffel-Fleisch-Brei	Obst-Getreide-Brei	Vollmilch-Getreide-Brei
10. bis 12. Monat	gewöhnliche Milch und Brot	Getreide-produkte und Obst	Gemüse, Kartoffeln und Fleisch	Getreide-produkte und Obst	Milch, Brot und Obst

Alle zwei bis vier Wochen wird eine Brust- bzw. Flaschenmahlzeit durch eine Breimahlzeit ersetzt, und zwar in dieser Reihenfolge: Gemüsebrei, Getreide-Obstbrei, Getreide-Milchbrei. Püriertes Fleisch kann ab dem sechsten Monat gegeben werden, muss aber nicht. Die Sorge, das Kind könne zu wenig Eisen erhalten, ist bis zum siebten Monat unbegründet. Danach kann der Eisenvorrat durch Gemüse und Getreide aufgefüllt werden.

Beikost-Grundrezepte

Grundrezept Gemüse-Kartoffel-Fleisch-Brei

90 g Gemüse mit 40 g Kartoffeln klein schneiden, weich dünsten. 20 g Fleisch kochen, ebenfalls klein schneiden, pürieren und unter das Gemüse mischen. Alles aufkochen, mit 2 EL Obstsaft pürieren und 2 TL Öl unterrühren.

Grundrezept Milch-Getreidebrei
200 g Vollmilch[2] (evtl. in Bio-Qualität) mit 20 g Getreideflocken aufkochen, 20 g Obstsaft oder Obstpüree unterrühren – fertig! Wenn Ihr Kind allergiegefährdet ist, können Sie den Brei auch mit Muttermilch oder HA-Nahrung anrühren.

Grundrezept Obst-Getreidebrei
Dazu werden 20 g Getreideflocken mit 90 g Wasser aufgekocht und anschließend 100 g püriertes Obst und 5 g Butter untergerührt.

---

[1] *Stillen oder Fläschenmahlzeit mit Pre-Milch*
[2] *Anfangs Halbmilch verwenden, d. h. Milch und Wasser zu gleichen Teilen mischen, dann langsam die Milchmenge zu Lasten der Wassermenge steigern.*

Frisches Obst und Gemüse

- Früchte zum Rohessen:
  Äpfel (geschält), Bananen, Avocado, Pfirsiche, reife Aprikosen, Birnen, Melonen, Pflaumen, Weintrauben (geschält und entkernt, dann zerdrückt oder durch ein Sieb gestrichen);

- Früchte, die gekocht werden sollten:
  Äpfel, Pflaumen; Aprikosen, wenn sie sich zum Rohessen nicht eignen

Apfel roh	stopft
Apfel gekocht	führt ab

Möglich: Karotte und Apfel oder Banane mischen

- Karotten:
  Süß, selten allergisch, evtl. Verstopfung

- Weitere Gemüse:
  Fenchel, Kohlrabi, Zucchini, Kürbis, Broccoli, Spinat

Am Anfang folgendermaßen vorgehen:

- nur Gemüsemus, in der Regel Karotten, einige Löffel vor der Stillmahlzeit/Flaschenmahlzeit
- dann mit zermusten Kartoffeln mischen
- dann 2 El. Obstsaft oder Obstmus hinzugeben (Vitamin C!)
- dann 20 g Fleisch zugeben (jeden 2. Tag)
- 2 Tl. Öl hinzugeben, wenn das Baby nach der Breimahlzeit keine Muttermilch/Fläschchen mehr trinkt

Und noch ein wichtiger Hinweis: Säuglinge haben andere Zeiten! Es macht also keinen Sinn, einen Säugling an geregelte Essenszeiten gewöhnen zu wollen. Dies muss für die Tagesplanung in einer Kindertageseinrichtung berücksichtigt werden. Das pädagogische Personal wird einen weitaus harmonischeren Tagesablauf erleben, wenn die Essenszeiten aller Anwesenden voneinander entkoppelt werden und diese sich an den Bedürfnissen und der Situation der Kinder orientieren.
Als weitere Begründung für eine bedürfnis- und situationsorientierte Ernährung sei noch auf die Häufigkeit der Mahlzeiten eines Säuglings hingewiesen. Ein gestilltes Kind benötigt etwa sieben bis zehn Mahlzeiten pro Tag, ein nicht gestilltes Kind eventuell weniger (Muttermilch wird vom Kind schneller verdaut). Das Kind regelt seinen Bedarf an Nahrung selbst. Wenn es mehr braucht, weil es gerade einen Wachstumsschub hat, wird es sein Bedürfnis nach Hunger auch häufiger anmelden. Hilfreich ist es deshalb, das Kind gut zu beobachten und auf die Anzeichen von Hunger zu achten.

Folgende Verhaltensweisen des Kindes können als Hungerzeichen gedeutet werden:
- Das Baby öffnet den Mund und sucht die Brust.
- Es runzelt die Stirn, überkreuzt Arme und Beine, ballt die Fäustchen.
- Das Baby fängt an zu schreien.

Wie bereits in Kapitel **2.4.1 Ruhen und Schlafen** beschrieben, braucht es einfühlsame Eltern bzw. pädagogische Fachkräfte, die auf Grund aufmerksamer Beobachtung erkennen, welches Bedürfnis des „schreienden" Kindes gestillt werden will. Um auf das Bedürfnis Hunger prompt und adäquat reagieren zu können, ist es notwendig, nicht auf die Einhaltung festgesetzter Zeiten zu bestehen.

Darüber hinaus empfiehlt es sich in Kindertageseinrichtungen für unter 3-Jährige, gemeinsam mit den Eltern für jedes Kind einen **Ernährungsplan** zu erstellen. Dieser gibt schnell Auskunft darüber, welche Essgewohnheiten das einzelne Kind hat.

Muster: Beispiel für einen Ernährungsplan

Name des Kindes:			Geburtsdatum:	
Wichtige Bemerkungen wie z. B. Allergien, Unverträglichkeiten:				
Mahlzeiten	1. Frühstück	2. Frühstück	Mittagessen	Mahlzeit am Nachmittag
Aufnahmedatum:				
Datum:				
Datum:				

Aufgaben

A

1. *Erstellen Sie einen Ernährungsplan für ein sieben Monate altes Kind.*
2. *Stellen Sie mit Hilfe der Grundrezepte jeweils einen Brei her und probieren Sie die selbst hergestellte Nahrung.*
3. *Machen Sie eine Geschmacksprobe: Vergleichen Sie die selbst hergestellte Nahrung mit industriell gefertigter Nahrung. Welche Unterschiede stellen Sie fest?*
4. *Diskutieren Sie die Vor- und Nachteile von selbst hergestellten und industriell hergestellten Produkten. Erstellen Sie eine Tabelle, aus der die Vor- und Nachteile von selbsthergestellter und industriell hergestellter Kost deutlich hervorgehen.*

3.2 Ernährung im Kleinkind- und Vorschulalter

Die Alltagssituation Essen hat einen hohen pädagogischen Wert. Dies gilt stellvertretend für alle Alltagssituationen in einer Kindertageseinrichtung (siehe dazu auch Kapitel 2.5.3 Anregungen für die Kinderkrippe).

An die pädagogische Arbeit in Kindertageseinrichtungen wird heute der Anspruch gestellt, die Kinder zu bilden. Dieser Anspruch ist mit der gesetzlichen Einführung der Bildungspläne in den verschiedenen Bundesländern für die Mitarbeiter vor Ort zur Pflicht geworden. Doch wie vollzieht sich Bildung für unter 3-Jährige? „Bildung kann gerade in den ersten drei Lebensjahren nicht vermittelte Bildung sein, sondern nur gelebte, vom Individuum eigenständig erfahrene (Selbst-)Bildung" (von Gosen/Wettich, 2009, S. 13). Bildung für unter 3-Jährige findet in Alltagssituationen statt, also in den Situationen, in denen es um die Körperpflege, das Schlafen und nicht zuletzt um das Essen geht. In diesen Situationen lernt das Kind, es nimmt seine Umgebung mit allen Sinnen wahr und wird in dieser Umgebung selbst aktiv zum Handelnden: es experimentiert, es macht Erfahrungen, es verknüpft die Erfahrungen miteinander und stellt Zusammenhänge her, es lernt! Deshalb sind die Dinge des täglichen Lebens genau die Bildungsbereiche, denen das pädagogische Personal seine volle Aufmerksamkeit schenken muss.

Zusammenfassend lässt sich sagen:
Pädagogische Fachkräfte sind nach heutigem Verständnis Wegbegleiter der Kinder auf ihrem Weg zur Selbstständigkeit und Eigentätigkeit. Es ist notwendig, die alltäglichen Situationen des Lebens als Lernaufgaben zu gestalten. Pädagogisches Personal muss Umdenken! Die Bedürfnisse und die Situationen der Kinder müssen erfasst werden und daran anknüpfend muss die Umgebung für die Kinder entsprechend gestaltet werden, um ihnen eigenes Handeln zu ermöglichen. Nur im eigenen Tun vollzieht sich Lernen, welches mit Freude, Interesse und Neugier geschieht. Auf dieser Basis wird auch das Selbstwertgefühl und die Persönlichkeitsentwicklung des Kindes gestärkt.

 Aufgaben

1. Wie gestaltet sich die Alltagssituation Essen in der Einrichtung in der Sie arbeiten? Fertigen Sie dazu ein Stichwortprotokoll an.
2. Werten Sie Ihre Ergebnisse gemeinsam aus. Wo gibt es Ähnlichkeiten, wo können Sie Unterschiede feststellen?
3. Bewerten Sie Ihre Ergebnisse: welche Abläufe finden Sie gut, welche Abläufe entsprechen nicht Ihrer Vorstellung? Begründen Sie Ihre Meinungen und halten Sie die Begründungen schriftlich fest.
4. Überlegen Sie nun gemeinsam in Ihrer Arbeitsgruppe, inwieweit die von Ihnen beobachteten Situationen den Anforderungen an frühkindliche Bildung entsprechen, sowie sie im einleitenden Text zum Thema Ernährung im Kleinkind- und Vorschulalter beschrieben sind. Was haben Sie herausgefunden?
5. Lesen Sie abschließend den nachfolgenden Textausschnitt aus der Fachzeitschrift Kindergarten heute. Hierin geht es um die Pädagogik Emmi Piklers, die von 1902–1984 gelebt hat. Finden Sie die Überlegungen Emmi Piklers zeitgemäß?

„Die Säuglings- und Kleinkindpädagogik Emmi Piklers wird derzeit viel beachtet, da sich daraus ganz aktuell Erkenntnisse für die Betreuung und Bildung von Kindern unter drei ableiten lassen. [...]
Auf welchen Überlegungen und Grundthemen basiert Emmi Piklers Arbeit?
Grundlegend für die Pikler-Pädagogik ist ein spezifisches Bild vom Kind: Der Säugling wird von Anfang an als vollwertiger, verständiger, reaktionsfähiger und aktiver Mensch gesehen. Man begegnet ihm von Geburt an mit Achtsamkeit und Respekt und vertraut in seine Entwicklungsfähigkeit sowie den Eigenrhythmus seiner Entwicklung. Jedes Kind hat bei seiner Entwicklung sein eigenes Zeitmaß. Seine Autonomie, Individualität und Persönlichkeit können sich entfalten, wenn es die Möglichkeit hat, seinen eigenen Impulsen zu folgen und auf das, was ihm dabei begegnet, zu antworten.
Die Erwachsenen bieten ihm dabei einen geschützten Rahmen und begleiten es bei seinen Experimenten und Erlebnissen. Emotionale Sicherheit und Verlässlichkeit sind Voraussetzungen für eine solche selbstständige Entwicklung. Die autonome Bewegungsent-

wicklung, das freie Spiel und die beziehungsvolle, kooperative Pflege gehören zu den Grundthemen der Pikler-Pädagogik."
(Von Gosen/Wettich, 2009, S. 8)

3.2.1 Die Zusammensetzung einer gesunden Ernährung

Die Frage nach einer gesunden Ernährung des Kindes hat eine zentrale Bedeutung. Eine falsche, d. h. eine nicht ausgewogene und einseitige Ernährung wirkt sich langfristig schädigend auf den Organismus und die gesamte Entwicklung des Kindes aus. Wie viel ein Kind wovon braucht ist in sogenannten Ernährungspyramiden in einer übersichtlichen Form recht gut dargestellt.
Die Nahrungsmittel, die die Basis der Pyramide bilden, sollen am häufigsten zu sich genommen werden, die Nahrungsmittel an der Spitze sollen am wenigsten gegessen werden.

Die Bausteine der Nahrung
Kohlenhydrate sind die Energielieferanten und sind in Getreide, Kartoffeln, Mehl, etc. enthalten. **Fette** dienen als Energiereserven und sollten daher eher in kleineren Mengen gegessen werden; enthalten sind Fette in Fleisch, Wurst, Milch, Öle, etc. Wie viel Energie ein Kind braucht, hängt u. a. auch von seiner körperlichen Aktivität ab. Kinder haben ein natürliches Sättigungsgefühl, deshalb sollte respektiert werden, wenn ein Kind nicht mehr weiter essen möchte.

Die aid-Ernährungspyramide

Idee: Sonja Mannhardt, © aid infodienst

© aid Infodienst, Idee: S. Mannhardt

Der **Eiweißbedarf** wird durch Milch und Milchprodukte gedeckt; dieser ist im Kindesalter auf Grund des Wachstums relativ groß.

Vitamine, Ballast- und Mineralstoffe sind reichlich in Obst und Gemüse enthalten. Frisches Obst und rohes Gemüse bieten sich in idealer Weise als Zwischenmahlzeit an.

Im Hinblick auf den **Flüssigkeitsbedarf** muss beachtet werden, dass die Getränke als Durstlöscher dienen sollen. Es bieten sich Leitungswasser, Mineralwasser, ungesüßte Tees und verdünnte Fruchtsäfte an. Die Getränke sollten jederzeit für die Kinder frei zugänglich sein, damit deren Flüssigkeitsbedarf auch wirklich gedeckt wird.

Mahlzeit	Beispiele		
Hauptmahl- zeiten	Kalte Hauptmahlzeiten		Warme Hauptmahlzeit
Zwischen- mahlzeiten			

3.2.2 Verschiedene Ernährungsformen

Die Menschen haben unterschiedliche Essgewohnheiten und Ernährungsformen. Eltern, deren Kinder in einer Kindertageseinrichtung untergebracht sind, erwarten vom dort tätigen Fachpersonal, dass ihre Kinder so ernährt werden, wie sie es von zu Hause gewöhnt sind. Damit Missverständnisse und Konfliktsituationen rechtzeitig vermieden werden, gibt es die Möglichkeit, mit den Eltern gemeinsam einen Ernährungsplan für das Kind zu erstellen (dies wurde bereits im Kapitel 3.1.3 zur Ernährung des Säuglings, S. 57, dargestellt).

Zu unterschiedlichen Ernährungsformen kommt es beispielsweise im Zusammenhang mit der Einstellung zum Thema Ernährung und Gesundheit. Es gibt Eltern, die auf eine vegetarische, fleischlose Ernährung Wert legen, oder die ausschließlich Vollkornprodukte verwenden. Es gibt aber auch Eltern, die aus kulturellen oder religiösen Gründen wünschen, dass bestimmte Essvorschriften eingehalten werden, z. B.

- Islam: kein Schweinefleisch

- Buddhismus/Hinduismus: in der Regel kein Fleisch, makrobiotische Kost aus ökologischem Anbau

- Judentum: koscheres Essen, d. h. die Nahrungsmittel werden nach genau festgelegten Vorschriften hergestellt und zubereitet.

Ein weiterer Grund der zur Einhaltung bestimmter Ernährungsformen zwingt sind Nahrungsmittelunverträglichkeiten oder Allergien. Es gibt Kinder, deren Verdauungssystem nicht in der Lage ist, bestimmte Bestandteile der Nahrung zu verwerten. Dazu zählt die Kuhmilch, aber auch Produkte, die Michzucker (Laktose) enthalten; manchmal wird auch ein bestimmter Eiweißstoff aus dem Getreide (Gluten) nicht vertragen. Bei einer Allergie führen schon kleinste Mengen eines Nahrungsmittels zu einer Überreaktion des Immunsystems, dazu zählen beispielsweise manche Nusssorten, Erdbeeren u. a.

Der Diabetes mellitus, die Zuckerkrankheit, ist eine Stoffwechselerkrankung, bei der der Zucker nicht mehr in die Zellen des Körpers eingeschleust werden kann, weil dem Körper das Hormon Insulin fehlt. Liegt bei einem Kind diese Erkrankung vor, müssen sehr genaue Essvorschriften eingehalten werden.

Merke!
Eine gesunde Ernährung ist eine ausgewogene und abwechslungsreiche Ernährung!

M

Bei allen Unterschieden gilt es grundsätzlich, sich an den Maßgaben einer ausgewogenen Ernährung zu orientieren, so wie sie in der Ernährungspyramide veranschaulicht ist. Der Körper – sowohl der des Kindes als auch der des Erwachsenen – braucht viele Nährstoffe, die in den verschiedenen Lebensmitteln enthalten sind. Die Ernährung sollte abwechslungsreich gestaltet sein, dabei gilt: Nichts ist verboten – auf die Menge kommt es an!

Vergessen werden sollte nicht, dass mit dem Essen nicht zuletzt eine wesentliche Genuss- und Sinneserfahrung verbunden ist. Diese Erfahrung den Kindern zu ermöglichen ist eines der Ziele, das mit einer bewussten Ernährungserziehung in Kindertagesstätten erreicht werden kann.

Aufgaben
1. Sammeln Sie Kimspiele zum Thema Essen und Ernährung.
2. Planen Sie ein Projekt zum Thema gesunde Ernährung! Suchen Sie eine Einrichtung, in der Sie
*   als Klasse Ihr Projekt umsetzen dürfen.*
3. Erstellen Sie Kriterien, nach denen Sie Ihr Projekt bewerten wollen. Bewerten Sie Ihr Projekt da
*   nach und erstellen Sie einen Abschlussbericht.*
4. Präsentieren Sie Ihr Projekt auf Infowänden o. ä. während der Hofpause an Ihrer Schule.
*   Anregungen für die Aufgaben und Projekte finden Sie in:*
*   kiga heute spot: So geht's – Ernährungserziehung im Kindergarten, Freiburg: Herder, 2005; PeP-*
*   Mappe, Ernährungsberatung durch deutsche Gesellschaft für Ernährung etc.*

A

3.2.3 Neuorientierung in der Ernährungserziehung

Um dem geforderten Bildungsanspruch gerecht zu werden, sollten folgende Kriterien neu überlegt werden:

● **Arbeitsorganisation und Zeitmanagement**
Das pädagogische Personal sollte die Mahlzeiten der Kinder aufmerksam begleiten und nicht gleichzeitig selbst mitessen. Ein Säugling sollte immer unabhängig von den anderen Kindern sein Essen erhalten.
Auch Kinder über einem Jahr entscheiden selbst darüber, wann sie Hunger haben. Das heißt nicht, dass in der Einrichtung auf festgesetzte Termine für die Mahlzeiten verzichtet wird! Wenn ein Kind Hunger äußert, erhält es Obst oder rohes Gemüse als Zwischenmahlzeit.

- **Essregeln**

In vielen Einrichtungen werden noch „altbekannte Essregeln" angewendet, deren Sinn neu hinterfragt werden muss. Solche Regeln sind z. B.: „Es muss von allem etwas probiert werden ...", „Es gibt nur Nachtisch, wenn auch von der Hauptmahlzeit gegessen wird ...". Der individuelle Geschmackssinn der Kinder sollte akzeptiert werden. Darüber hinaus wählen die Kinder unter den ihnen angebotenen Nahrungsmitteln diejenigen aus, die sie momentan für ihre Stoffwechselsituation benötigen. Der Selbstregulationsmechanismus des Körpers funktioniert gerade bei Kindern sehr gut.

- **Größe der Portionen**

Im Hinblick auf die Menge, die ein Kind essen sollte gilt: „Der einzig brauchbare Maßstab für die Größe der Portionen ist die Selbstregulationskompetenz des Kindes" (von der Beek, 2008, S. 131). Es macht also keinen Sinn darauf zu bestehen, dass der Teller leer gegessen wird, oder dass jedes Kind sich nur so viel nimmt, wie es essen kann. Empfehlenswert ist es, die Größe und Beschaffenheit des Geschirrs so zu wählen, dass die Portionen, die sich ein Kind nimmt erst gar nicht so groß ausfallen können und das Kind mit dem ihm zur Verfügung stehenden Besteck gut umgehen kann.

- **Gestaltung der Umgebung**

Um den Kindern essen lernen in einer vorbereiteten Umgebung zu ermöglichen, ist es zunächst sehr wichtig, auf die Auswahl der zum Essen benutzten Utensilien zu achten. Leichtes Geschirr aus Plastik, das schnell umfallen kann oder leicht verrutscht, ist weniger geeignet als kleine Teller und Schüsseln aus Porzellan, die am besten auf eine rutschfeste Unterlage gestellt werden. Das Besteck sollte dicke Griffe haben, die Kinder können dann besser greifen. Die Stühle sollten so beschaffen sein, dass ein 1-Jähriges Kind mit seinen Füßen vollständig auf den Boden kommt, wenn es darauf sitzt. Erst dann sitzt es gerade und ist gut ausbalanciert. Sitzt es stabil und sicher, kann es seine volle Aufmerksamkeit dem neuen Bewegungsablauf Essen widmen.

A

Aufgaben

1. *Auf dem hier gezeigten Bild ist ein Essplatz einer Kindertagesstätte für Kinder unter drei dargestellt. Welche Vorteile sollte solch ein Essplatz für die Kinder und die Mitarbeiter dieser Einrichtung haben?*
2. *Finden Sie heraus, welche Höhe die Tische und Sitzmöbel für unter 3-Jährige haben sollten.*
3. *Sind Stühle als Sitzmöglichkeit für unter 3-Jährige körpergerecht?*
   Recherchieren Sie z. B. unter folgender Internetadresse: www.kameleon.de

4 Erkrankungen im Säuglings- und Kleinkindalter

4.1 Zum Verständnis von Gesundheit und Krankheit

Krankheiten, die bei Säuglingen oder Kleinkindern auftreten, sind für die Familie und die Mitarbeiter der betreuenden Einrichtung immer eine besondere Herausforderung. Ist das Kind erkrankt, bedarf es zum einen einer erhöhten Zuwendung, Aufmerksamkeit und Fürsorge der Betreuungspersonen, die es umsorgen. Zum anderen behindert Krankheit immer den gewohnten Tagesablauf oder ist schuld daran, dass ein geplantes Vorhaben wie z. B. ein Ausflug ins Schwimmbad entfällt. Darüber hinaus ist die Krankheit in der Regel mit Unwohlsein, Schmerzen und Schwäche des Erkrankten verbunden. So wird Krankheit vorwiegend mit negativen Bedeutungen und Gefühlszuständen in Zusammenhang gebracht. Dennoch, setzt man sich einmal mit Krankheit genauer auseinander, so wird deutlich, dass Krankheit unabdingbar zu unserem Leben gehört.

Nach einem ganzheitlichen Verständnis von Gesundheit und Krankheit sind wir dann gesund, wenn wir uns in einem Zustand der Homöostase (gr. Gleichstand), also des Gleichgewichts befinden. Das bedeutet, dass wir uns ständig an veränderte Situationen der Umwelt anpassen müssen, damit wir uns wohl fühlen. Gelingt uns dies nicht, fühlen wir uns unwohl, wir werden krank. Krankheit ist so gesehen eine Störung der Homöostase, des Gleichgewichts, in dem sich unser Organismus befindet. Gesundheit ist demzufolge die Anpassungsfähigkeit an veränderte Lebenssituationen und die Ausgewogenheit zwischen den Extremen.

In der Phase der Kindheit ist die Anpassungsleistung des Organismus besonders gefordert. Das Kind muss sich von Geburt an an die es umgebenden Lebensbedingungen anpassen. Es entwickelt und lernt all die Fähigkeiten, die es zum Leben braucht: Es lernt gleichzeitig das aufrechte Gehen, das Sprechen, das Denken, das Fühlen und Wollen. Das sind Höchstleistungen, die das Kind vollbringt und die dementsprechend Kraft kosten. An der Entwicklung des Verdauungssystems lässt sich ein solcher Leistungszirkel recht gut verdeutlichen. Zunächst verträgt das Verdauungssystem des Säuglings nur Muttermilch oder der Muttermilch ähnliche Kost. In den ersten Lebensmonaten bilden sich dann die Darmzotten des Säuglings so aus, dass Gemüse- und Getreideprodukte verdaut werden können. Ungefähr im sechsten Lebensmonat beginnt das Kind zu zahnen. Beide Prozesse, die Verdauung von Getreideprodukten und das Wachsen der Zähne sind gravierende Anpassungsleistungen des Körpers, auf die das Kind mit Blähungen, Durchfall, Hautausschlag, Schlaflosigkeit und anderen Symptomen reagieren kann.

Prozesse, die also der Entwicklung dienlich sind, bringen das Kind aus dem Gleichgewicht und lassen es krank werden. Wird das Kind in dieser Phase bestmöglich unterstützt, geht es gestärkt aus diesem Entwicklungsabschnitt hervor und ist wieder ein Stück mehr an seine Lebensumwelt angepasst.

Auch beim Eindringen eines Krankheitserregers in den kindlichen Organismus werden Anpassungsprozesse ausgelöst. Der Körper des Kindes muss nun die Immunabwehr aufbauen und gerät dadurch aus dem Gleichgewicht, das Kind wird krank. Der Körper des Kindes braucht jetzt viel Zeit und Ruhe, um sich an die neue Situation anzupassen. Bei der Behandlung des Kindes geht es darum, die Selbstheilungskräfte des Körpers zu unterstützen, damit die Krankheitserreger abgewehrt werden können. Von einem ganzheitlich-homöopathischen Standpunkt aus betrachtet, hat sich das Kind nach einer durchgemachten Erkrankung weiterentwickelt und geht auch hier gestärkt daraus hervor.

Die Homöopathie (gr. ähnliches Leiden) ist ein medikamentöses Therapieprinzip, das auf den ab 1796 veröffentlichten Vorstellungen des deutschen Arztes Samuel Hahnemann beruht. Ihr wichtigstes und namensgebendes Prinzip ist das Ähnlichkeitsprinzip: „Ähnliches soll durch Ähnliches geheilt werden".
Anders als die sogenannte Schulmedizin behandelt die Homöopathie nicht Krankheiten, sondern kranke Menschen. Für die Homöopathen ist der gesunde Körper ein System in Balance. Im erkrankten Körper ist dieses Gleichgewicht gestört. Die Homöopathie gibt dem Körper die Möglichkeit, dieses Gleichgewicht aus eigener Kraft wieder herzustellen.

4.2   Das Erkennen von Krankheitssymptomen

In Kindertagesstätten geht es im Wesentlichen darum, zu erkennen, dass ein Kind krank wird. Das kranke Kind fällt in der Regel dadurch auf, dass es sein Verhalten ändert: Es ist weinerlich, anhänglicher als sonst, oder aber zorniger und ablehnender als gewöhnlich, legt sich freiwillig hin, ist teilnahmslos, blass und ohne Appetit. Fragt man das Kind nach seinem Befinden, so gibt es meistens Bauchweh als Symptom an. Diese subjektiven Krankheitszeichen bzw. Symptome veranlassen in der Regel die betreuenden Personen dazu, nach weiteren sogenannten objektiven Krankheitszeichen zu suchen.

Subjektive Krankheitszeichen: vom erkrankten Kind geäußerte Empfindungen, die nicht messbar sind, wie z. B. Schmerzen, Müdigkeit und Schwindelgefühl.
Objektive Krankheitszeichen: vom Beobachter bzw. der betreuenden Person feststellbare und messbare Krankheitszeichen, wie z. B. Hautverfärbungen, Atemgeräusche, Fieber und Schwellungen.

Fieber

Fieber ist ein Symptom, das bei Kindern sehr häufig auftritt. Es zählt zu den objektiven Krankheitszeichen und tritt meistens im Zusammenhang mit Infektionserkrankungen auf. Fieber kann aber auch im Zusammenhang mit einer Erkrankung des Verdauungssystems stehen. Da das Immunsystem des Kindes erst lernen muss, sich mit den zahlreichen Krankheitserregern auseinander zu setzen, ist es besonders anfällig für Infektionen.
Wenn ein Kind fiebert, so ist das in der Regel kein Grund zur Besorgnis. Es ist, wie bereits dargelegt, eine gesunde Anpassungsreaktion des Körpers und sollte deshalb nicht grundsätzlich unterdrückt werden. Durch die erhöhte Temperatur werden die Stoffwechselvorgänge im Körper beschleunigt. Die Krankheitserreger können somit schneller abgebaut werden.
Die erste Maßnahme bei Fieber ist Bettruhe: Ein fieberndes Kind gehört sofort ins Bett. Es braucht viel Ruhe und Zuwendung. Befindet es sich noch im Fieberanstieg, fröstelt es oft. In dieser Phase tut es dem Kind gut, wenn man ihm Wärme zuführt. Plötzlich auftretendes hohes Fieber geht oft mit Schweißausbrüchen und Unruhezuständen einher. Das Kind ist berührungsempfindlich und lehnt es ab, abgetrocknet zu werden oder mag auch

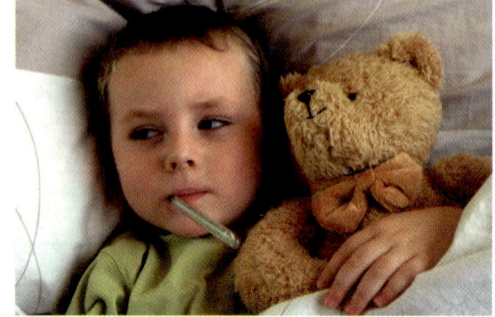

keine kühlen Abwaschungen. Versuchen Sie herauszufinden, was dem Kind in dieser Phase gut tut und ziehen Sie auf jeden Fall einen Arzt hinzu. Schwere Unruhezustände, Verwirrtheit und Fieberkrämpfe müssen ärztlich behandelt werden. Ansonsten gilt es, das Fieber als sinnvolle Abwehrreaktion des Körpers zu unterstützen. Als Hausmittel haben sich hier die Wadenwickel bewährt. Bieten Sie dem Kind leichte Kost und kühle Getränke an, wechseln Sie öfters die Bett- und Leibwäsche und achten Sie auf eine angenehme Zimmertemperatur (ca. 19 °C, häufig lüften). Ist das Fieber gesunken, braucht der Körper noch einige Zeit, bis er sich von dieser Anstrengung erholt hat. Jetzt sollten Sie dem Kind Fruchtsäfte und eiweißreiche Kost verabreichen. Nutzen Sie die Zeit der Bettruhe auch zum Vorlesen und gemeinsamen Spielen mit dem Kind. So erlebt es die Phase der Krankheit auch als persönlichen Gewinn im Hinblick auf die ihm gewidmete Zuwendung und Aufmerksamkeit.

Tipp: Wadenwickel ganz leicht gemacht

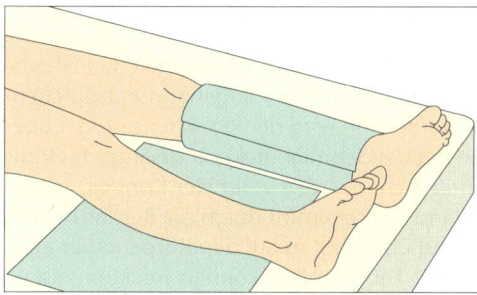
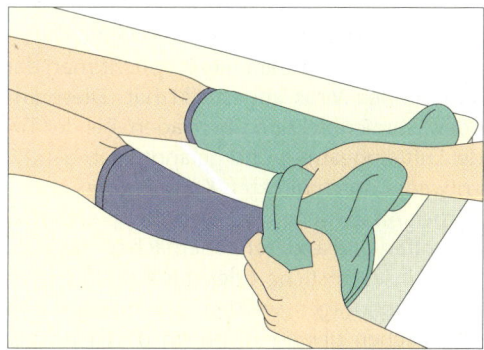

Fieber ist bedeutungsvoll für die Selbstheilung und soll nicht generell gesenkt werden. Wollen Sie hohes Fieber (über 39,5°C) ohne Fieberzäpfchen senken, funktioniert das so:

● Sie brauchen zwei Geschirrtücher als Innentücher und zwei Handtücher als Außentücher und lauwarmes Wasser (28 bis 30°). Bei kleinen Kindern können auch ein Paar Baumwollsocken und ein Paar Wollsocken als Außentuch benutzt werden.

● Die Geschirrtücher bzw. Baumwollsocken nass machen, auswringen und straff um die Waden wickeln. Der Wickel wird vom Fußknöchel bis zur Kniekehle rundherum angelegt. Darüber kommt je ein Handtuch bzw. eine Wollsocke.

● Nach zehn bis zwanzig Minuten die Wickel noch ein- bis zweimal wechseln.
Nur bei heißen Unterschenkeln anwenden. Manche Kinder haben einen heißen Kopf, aber kalte Beine.

● Das Fieber nicht mehr als ein Grad absenken! Bei Schüttelfrost die Behandlung abbrechen und auch später nicht wiederholen.
Es ist wichtig, dass Bewusstseinseintrübungen, Kopfschmerzen und allgemeine Unruhe sich bessern.

● Dem Fieber die Spitze nehmen!

(vgl. Stumpf, 2008, S. 44)

4.3 Infektionskrankheiten

Infektionswege und Hygienevorschriften

Von einer Infektionskrankheit spricht man dann, wenn sich ein Mensch mit einem krankheitsauslösenden Virus angesteckt hat. Diese Erreger werden durch die sogenannte Tröpfchen- oder Schmierinfektion übertragen. Bei der Tröpfcheninfektion wird der Krankheitserreger über die Luft eingeatmet und gelangt so in den Körper, bei der Schmierinfektion gelangt das Virus entweder durch direkten Kontakt oder über einen Zwischenwirt (= indirekter Kontakt) in den Körper. Als Zwischenwirt dient beispielsweise die Hand. Diese nimmt durch die Berührung mit Türgriffen und anderen Oberflächen das Virus auf und überträgt es auf den Körper. Aber auch durch Insektenstiche oder die Aufnahme verdorbener Lebensmittel können Infektionskrankheiten übertragen werden. Die meisten Erreger, die aus der Luft auf die Haut oder andere Oberflächen gelangen, haben dort eine geringe Überlebenszeit. Gelangt ein Erreger allerdings rechtzeitig in eine geeignete Eintrittspforte, kann es zu einer Infektion kommen. Geeignete Eintrittspforten sind alle Schleimhäute der Körperöffnungen wie Mund, Nase, Bindehaut der Augen sowie die Schleimhäute im Genitalbereich. Aber auch schon kleine Verletzungen der Haut ermöglichen es den Erregern in den betreffenden Körper einzudringen.

Merke!
Der wirksamste Schutz vor Infektionskrankheiten besteht darin, die Infektionskette zu unterbrechen.

Die Infektionskette wird unterbrochen durch:
- Regelmäßiges und gründliches Händewaschen!
- Auf eine gute Hautpflege achten! Eine gesunde Haut bietet den Keimen keine Eintrittspforten für mögliche Erreger.
- Eventuell ein Desinfektionsmittel benutzen.
- Nicht ins Gesicht fassen!
- Regelmäßiges und häufiges Lüften!
- Auf Sauberkeit und Hygiene der Räume achten!

Hygieneregeln

„Händewaschen

Die Hände kommen oft als erstes mit Viren in Berührung. Mit ihnen begrüßen wir andere Menschen, betätigen Fahrstuhlknöpfe und befördern im Supermarkt ausgewählte Lebensmittel in unseren Einkaufskorb. Wer keine Gelegenheit zum Händewaschen auslässt und die Hände jeweils ungefähr zehn bis 15 Sekunden einseift, hält sich die ungesunden Keime im wahrsten Sinne des Wortes vom Leib. Dann sorgfältig abspülen und abtrocknen – am besten mit einem Einmalhandtuch. Dennoch gilt: Generell möglichst nicht ins Gesicht fassen, da die Erreger leicht auf die Schleimhäute von Augen, Nase und Mund übergehen können.

In Ärmel oder Ellenbeuge husten
Insbesondere beim Niesen oder Husten können Erreger auch auf die Hände gelangen und darüber weiterverbreitet werden. Auch wenn es beim Husten und Niesen ‚Hand vor den Mund' heißt, ist das der denkbar schlechteste Weg, andere vor Viren zu schützen. Denn die freigesetzten Keime bleiben an den Händen kleben und verbreiten sich so wie im Fluge weiter. Damit die Hände sauber bleiben, also besser in den Ärmel beziehungsweise die Ellenbeuge husten."
(Holthausen, 2009)

Zum Punkt Sauberkeit und Hygiene muss an dieser Stelle noch das **Infektionsschutzgesetz** erwähnt werden. Dieses gilt in Deutschland seit 2001 und betrifft alle Gemeinschaftseinrichtungen. Gerade Kleinkinder bewegen sich viel auf dem Boden, beschäftigen sich mit allen Gegenständen, die sie erreichen können und die sie interessant finden, fassen diese an, nehmen sie in den Mund, riechen daran usw. Dies erhöht die Ansteckungsgefahr enorm. Als pädagogische Fachkraft können Sie dieses Verhalten nicht unterbinden, aber Sie können durch regelmäßiges Wischen der Böden und Abwischen der Oberflächen und Spielzeuge, durch sorgfältiges Reinigen der Töpfchen etc. die Umgebung des Kindes hygienisch sauber halten. Wie dies im Einzelnen zu gewährleisten ist, liegt in der Verantwortung der Mitarbeiter der Kindertagesstätten. Diese sind mittlerweile dazu verpflichtet, ihre Maßnahmen zur Vorbeugung von Infektionen in **Hygieneplänen** festzulegen.

Aufgaben
1. Wie wird in der Einrichtung, in der Sie arbeiten, für Sauberkeit und Hygiene gesorgt? Gibt es Bereiche, die besonders sorgfältig gereinigt werden? Gibt es Bereiche, die vernachlässigt werden? Beobachten Sie genau und besprechen Sie Ihre Beobachtungen in der Klasse.
2. Fertigen Sie ein Protokoll darüber an, wie Sie bei hauswirtschaftlichen Arbeiten und Reinigungsarbeiten vorgehen. Überprüfen Sie anschließend, inwieweit Ihre Vorgehensweise den einschlägigen Hygieneregeln entspricht. Was wollen Sie künftig an Ihrem Verhalten ändern? Worauf wollen Sie künftig verstärkt achten?
3. Verfolgen Sie in den nächsten vier Wochen ein Ziel, das Sie unter Aufgabe 2 festgelegt haben. Ist es Ihnen leicht gefallen, dieses Ziel zu verfolgen oder eine Verhaltensweise zu ändern? Wo traten Probleme bzw. Schwierigkeiten auf?

A

Erkältungskrankheiten
Bei Erkältungskrankheiten handelt es sich meistens um grippale Infekte, bei denen Bakterien oder Viren die Schleimhäute des Hals-Nasen-Rachen-Raumes befallen und dort Rötungen und Schwellungen verursachen. Es kommt zu Husten, Schnupfen, Halsweh, meist auch Fieber, Kopf-, Ohren- und Gliederschmerzen.
In schweren Fällen kann es zu Mittelohrentzündungen oder Nebenhöhlenentzündungen kommen, mit teilweise eitrigen Verlaufsformen. Zu Entzündungen der Nebenhöhlen kommt es meist erst bei Kindern im Schulalter, da im Kleinkindalter die Nebenhöhlen noch nicht fertig ausgebildet sind. Die Ohrentzündung ist dagegen bei Kindern eine recht häufige Begleiterscheinung eines Schnupfens.

Ohrentzündung

Sie entsteht durch Einwanderung von Erregern durch die Ohrtrompete aus dem Nasen- und Rachenraum bei Schnupfen, Rachenentzündung oder Angina.

Anzeichen:

- Die Ohrtrompete entzündet sich und schwillt an.
- Das Kind schreit, wirft den Kopf hin und her und fasst sich an das Ohr.
- Säuglinge und Kleinkinder können auch unter Erbrechen und Durchfall leiden.
  Im Mittelohr bildet sich Eiter, der zunächst nicht abfließen kann. Nach zwei bis drei Tagen entsteht ein Loch im Trommelfell, der Eiter kann abfließen.
  Es entstehen klopfende, stechende, drückende Ohrenschmerzen mit Fieber.

Als Hausmittel bei Erkältungskrankheiten gilt die Zwiebel.

„Die Zwiebel hat eine reinigende und schmerzstillende Wirkung. Sie zieht Krankheitsstoffe an. Ihr hoher Schwefelgehalt regt die Stoffwechselprozesse an. Auffallend ist immer wieder die eindrücklich rasche, schleimlösende Wirkung, bei Husten mit zähem Schleim eine wichtige Voraussetzung für die Heilung. Ebenso eindrücklich ist die schmerzlindernde Wirkung bei Ohrenweh."
(Thüler, 1990, S.35)

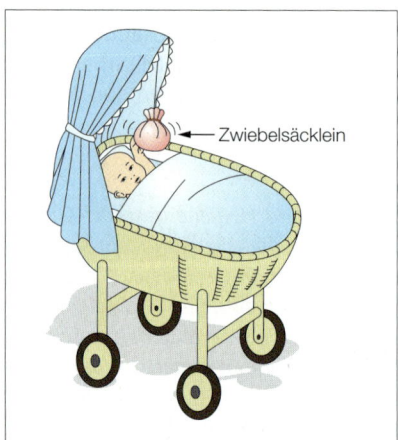
Zwiebelsäcklein

Die Hausmittel können als Soforthilfe eingesetzt werden. Sie erübrigen jedoch nicht die ärztliche Behandlung, können diese allerdings sinnvoll unterstützen.

4.3.1 Die klassischen Kinderkrankheiten

Die Kinderkrankheiten beginnen häufig mit den Symptomen eines grippalen Infektes. Vor allem die Masern beginnen mit einem starken Schnupfen und hohem Fieber.

Masern

Die Masern gehören zu den ansteckendsten Kinderkrankheiten. Sie werden durch Tröpfcheninfektion übertragen, d.h. Niesen und Husten katapultieren das Virus nach draußen. Gelangt es direkt auf die Schleimhäute eines anderen Kindes, ist dieses sofort infiziert. Die Zeit zwischen der Infektion und dem Ausbruch der ersten Krankheitssymptome heißt Inkubationszeit und dauert etwa acht bis zehn Tage. Das Kind kann vom Ausbruch der ersten Krankheitssymptome bis zum Abklingen des für die Masern typischen Hautausschlages (ungefähr am vierten

Tag nach Auftauchen der Flecken) andere Menschen mit dem Virus anstecken, d.h. es ist während dieser Zeit infektiös.

Der Hautausschlag beginnt hinter den Ohren und breitet sich dann den Körper herab aus. Die roten Hautflecken fließen zusammen und können jucken. Das Kind hat ein schweres Krankheitsgefühl und ist meist lichtempfindlich. Eine gefürchtete Komplikation bei der Masernerkrankung ist die Hirnhautentzündung.

Der wirksamste Schutz gegen Masern ist die Impfung. Diese erfolgt in Kombination mit Mumps, Windpocken und Röteln und wird am Ende des ersten Lebensjahres verabreicht (vgl. BZgA, 2009).

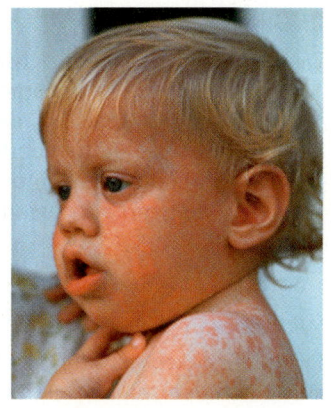

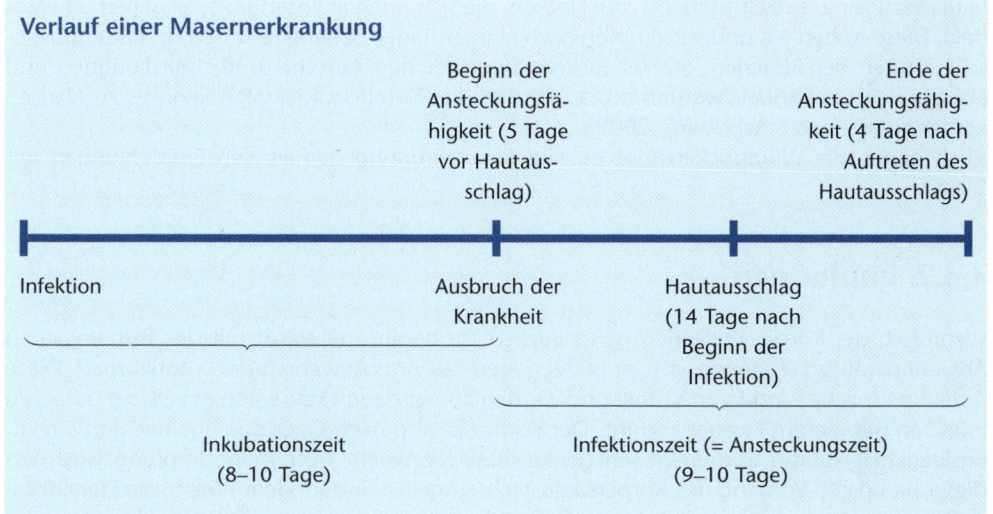

Verlauf einer Masernerkrankung

Beginn der Ansteckungsfähigkeit (5 Tage vor Hautausschlag)

Ende der Ansteckungsfähigkeit (4 Tage nach Auftreten des Hautausschlags)

Infektion

Ausbruch der Krankheit

Hautausschlag (14 Tage nach Beginn der Infektion)

Inkubationszeit (8–10 Tage)

Infektionszeit (= Ansteckungszeit) (9–10 Tage)

Mumps

Diese Infektionskrankheit wird auch Ziegenpeter genannt. Sie wird durch Tröpfcheninfektion übertragen. Die Kinder erkranken meist im Alter zwischen drei und acht Jahren an Mumps, die Jungen auffallend häufiger. Es handelt sich um eine Entzündung der Ohrspeichel- und Kieferspeicheldrüse. Die Drüsen sind stark geschwollen, die Kinder leiden an Hals- und Ohrenschmerzen und haben Schmerzen beim Kauen. Erkranken männliche Jugendliche oder Erwachsene an Mumps, so kann es im schlechten Fall zu einer Zeugungsunfähigkeit kommen. Als Schutz vor der Erkrankung wird die Impfung empfohlen (siehe Masern).

Zur Linderung der Beschwerden helfen dem Kind Quarkwickel, die Sie auf die Schwellungen legen können. Außerdem können Sie dem Kind weiche Kost anbieten, wie Brei, Suppe oder Quarkspeisen. Dies ermöglicht ein schmerzfreieres Schlucken.

Röteln

Die Röteln sind eine vergleichsweise harmlose Erkrankung, die häufig auch unerkannt verläuft. Auch hier sind die Symptome einer leichten Erkältungskrankheit ähnlich und ein hellroter, feinfleckiger Hautausschlag, der sich vom Kopf aus über den gesamten Körper ausbreitet.

Die Gefahr bei den Röteln besteht im Kontakt mit Schwangeren. Infiziert sich eine schwangere Frau während der ersten drei Monate ihrer Schwangerschaft mit Röteln, so wirkt sich das schwer schädigend auf das ungeborene Kind aus. Deshalb wird auch gegen Röteln die Impfung empfohlen.

Windpocken

Die Windpocken gehören wie die Masern zu den ansteckendsten Kinderkrankheiten. Sie werden durch direkten Kontakt übertragen, also durch Tröpfcheninfektion über die Luft.

Etwa zwei Wochen nach der Ansteckung tritt der typische Hautausschlag auf, meist von Fieber begleitet: kleine, einzeln stehend rote Flecken, die sich rasch in linsengroße Bläschen umwandeln. Diese trüben ein und verschorfen nach einigen Tagen. Charakteristisch ist das schubweise Auftreten der Bläschen. Starker Juckreiz begleitet den Ausschlag, der mit Lotionen und Einreibungen behandelt werden muss. Werden die Pusteln aufgekratzt, kann es zu Narben kommen (vgl. von Stackelberg, 2009).

Auch gegen die Windpocken gibt es eine Schutzimpfung gemäß den Empfehlungen der STIKO.

4.3.2 Impfungen

Wenn sich der Körper mit einem Virus infiziert, so beginnt er sofort mit der körpereigenen Abwehr darauf zu reagieren, d. h. er bildet gegen das Virus Abwehrstoffe (= Antikörper). Diese Antikörper bleiben fortan im Körper und werden immer dann aktiv, wenn es zu einer erneuten Infektion mit diesem Erreger kommt. Der Körper ist also nach einer durchgemachten Infektionskrankheit künftig immun gegen genau diese Krankheit. Durch eine Impfung wird nun dieser natürliche Vorgang des Körpers künstlich ausgelöst, indem dem Körper die krankheitsauslösenden Erreger in einer abgeschwächten Form injiziert werden. Das Abwehrsystem des Körpers reagiert auf diese Erreger und bildet Antikörper. Kommt es nun zu einer tatsächlichen Infektion mit diesem Erreger, so kann der Körper diesen sofort abwehren, da er ja durch die Impfung bereits immun gegen diesen Erreger ist.

Allerdings gibt es die Meinung, dass eine vom Körper erfolgte Immunisierung infolge einer Erkrankung wesentlich effektiver schütze als eine durch Impfung erzeugte Immunisierung. Außerdem dürften die möglichen Nebenwirkungen einer Impfung nicht unterschätzt werden.

Diese sind im schlimmsten Fall:
- Geistige Behinderung;
- Epilepsie (Krampfleiden);
- Abwesenheitszustände;
- Anhaltende Konzentrationsstörungen;
- Extreme Schlafstörungen;
- Unterschiedliche Lähmungen;
- Wesensänderungen;
- Entwicklungsverzögerungen;
- Allgemeine Minderung der Gesundheit mit erhöhter Infektanfälligkeit.

(vgl. Stumpf, 2008, S. 80)

Da Infektionskrankheiten jedoch zum Teil einen schweren Verlauf haben und unter Umständen zu schweren Behinderungen führen können oder auch zum Tod, raten die meisten Ärzte nachdrücklich zu einer vorbeugenden Impfung.

Die Meldepflicht im Hinblick auf die Infektionskrankheiten wird im Infektionsschutzgesetz geregelt. Sie obliegt in der Regel dem behandelnden Arzt.

Das Infektionsschutzgesetz (IfSG) trat am 1. Januar 2001 in Kraft und stellte das System der meldepflichtigen Krankheiten in Deutschland auf eine neue Basis. Das IfSG regelt, welche Krankheiten bei Verdacht, Erkrankung oder Tod und welche labordiagnostischen Nachweise von Erregern meldepflichtig sind. Weiterhin legt das Gesetz fest, welche Angaben von den Meldepflichtigen gemacht werden und welche dieser Angaben vom Gesundheitsamt weiter übermittelt werden. Zusätzlich werden die Meldewege dargestellt, Muster der Meldebögen und Informationen über Belehrungen sind abrufbar.

Weiterführende Informationen erhalten Sie beim Robert-Koch-Institut unter www.rki.de

Wichtig für die Kindertagesstätten ist allerdings der § 34 des Infektionsschutzgesetzes. Hier geht es um das Verbot des Aufenthaltes in Gemeinschaftseinrichtungen wie Kindergärten, Schulen, Heimen oder Ferienlagern bei Krankheiten wie Keuchhusten, Masern, Mumps, Scharlach, Windpocken und bei Befall mit Läusen.

Aufgaben   A
1. *Recherchieren Sie im Internet und sammeln Sie Argumente, die für eine Impfung sprechen und Argumente, die gegen eine Impfung sprechen. Listen Sie diese auf und diskutieren Sie diese in der Klasse.*
2. *Schlagen Sie im Impfkalender der BZgA nach und finden Sie heraus, welche Impfungen einem Säugling grundsätzlich verabreicht werden.*
3. *Erklären Sie:*
   Was ist ein Grundimpfschutz?
   Was ist eine Auffrischimpfung?
4. *Fragen Sie in der Einrichtung, in der Sie arbeiten nach, inwieweit bereits Erfahrungen mit Infektionserkrankungen vorliegen. Musste die Einrichtung schon einmal geschlossen werden? Musste schon einmal eine Meldung an das zuständige Gesundheitsamt gemacht werden? Tragen Sie alle Informationen zusammen und besprechen Sie diese in der Klasse.*

Informationen erhalten Sie unter anderem auf folgenden Internetseiten:
www.dgk.de
www.rki.de
www.pei.de
www.impf-info.de
www.impfkritik.de

4.4   Verdauungserkrankungen

Jeder kennt Verdauungsbeschwerden aus eigener Erfahrung. Die Ursachen dafür können sehr komplex sein, die Beschwerden allerdings nehmen den ganzen Menschen in Besitz. Ein geblähter Bauch und Völlegefühl verursachen ein immenses Unwohlsein, das oft mit Übellaunigkeit gepaart ist. Bei kleinen Kinder stehen die Verdauungsbeschwerden oft im Zusammenhang mit der Ernährung oder mit seelischen Nöten. Die Redewendung „du frisst deinen Kummer in dich hinein" weist in diese Richtung.

Bauchschmerzen

Die Bauchschmerzen sind ein oft geäußertes und oft zu beobachtendes Symptom bei Säuglingen und Kleinkindern. Kinder, die an Bauchkrämpfen leiden, weinen und krümmen sich vor Schmerzen. Dabei fühlt sich ihr Bauch hart an, d. h. die Bauchdecke ist angespannt.

Die häufigste Ursache der krampfartigen Bauchschmerzen sind Blähungen, also Gase im Darm. Diese können entstehen, weil das Kind zu hastig isst oder trinkt und dabei zu viel Luft mitschluckt. Es kann aber auch sein, dass es etwas gegessen hat, was sein Verdauungssystem noch nicht verarbeiten kann und es deshalb zu Blähungen kommt. So ähnlich ist das bei den Dreimonatskoliken von Säuglingen. Hier findet, wie bereits im Kapitel 4.1 Verständnis von Gesundheit und Krankheit beschrieben, ein Anpassungsprozess statt. Das Verdauungssystem muss sich erst an die neue Nahrung gewöhnen. Während des Verdauungsprozesses entstehen Gase, die den Bauch aufblähen und zu krampfartigen Bauchschmerzen führen.

Bei Bauchschmerzen hilft am besten Wärme. Diese kann durch einen wärmenden Tee zugeführt werden oder aber von außen durch einen warmen Bauchwickel. Der Bauchwickel kann beispielsweise mit Kamillen- oder Schafsgarbentee hergestellt werden oder einfach mit heißem Wasser. Aber Vorsicht: Tee oder Wasser dürfen nicht zu heiß sein, um die Haut des Kindes nicht zu verbrühen bzw. zu verbrennen. Das feuchte Innentuch und das trockene Außentuch werden kreisrund auf der Höhe des Bauches um den Körper angelegt. Der Wickel wird nach 15 bis 30 Minuten abgenommen, spätestens bevor er auskühlt. Wenn einem Kind ein Bauchwickel angelegt wird, erfährt es dadurch Zuwendung und eine innere Ruhe kann sich einstellen. Hilfreich ist es in solchen Momenten auch, dem Kind während der Dauer der Anwendung eine Geschichte vorzulesen. Es kann sich jetzt entspannen und entkrampfen.

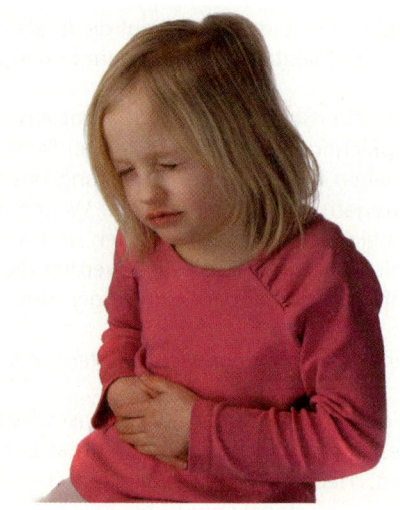

Wirksam gegen Blähungen sind:

Anissamen

Fenchelsamen

Kümmelsamen

Rezept für Tee mit Fenchelsamen im Säuglingsalter:

½ Teelöffel zerdrückte Früchte mit ¼ l kochendem Wasser überbrühen, 10 Minuten ziehen lassen, danach abseihen. ¼ Tasse entweder der Flaschennahrung zusetzen, oder vor der Mahlzeit geben.

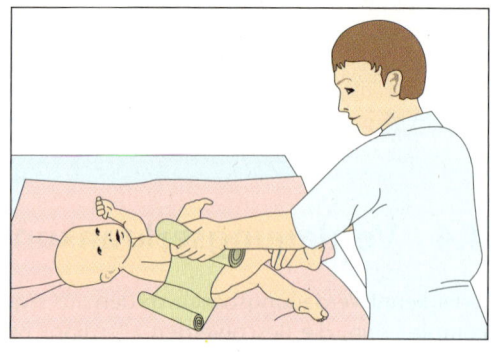

Bei der Anwendung des Bauchwickels muss folgendes beachtet werden:
- Keine Wärmeanwendung bei fiebrigen Bauchschmerzen!

- Wenn infolge der Wärmeanwendung nach 30 bis 60 Minuten keine Schmerzlinderung eingetreten ist, sollte ein Arzt aufgesucht werden.

Auch sanfte Massagen oder Einreibungen helfen, die Beschwerden zu lindern. Dabei kann man mit einem angewärmten Öl (z. B. Kümmelöl) von der linken Seite bzw. Flanke der Bauchregion ausgehend zur rechten Seite hin streichen und in enger werdenden kreisenden Bewegungen im Uhrzeigersinn mit leichtem Druck und geschlossener Hand den Bauch sanft einreiben.

Weitere Verdauungsbeschwerden

Beobachten Sie im weiteren Verlauf die Ausscheidung des Kindes.

Problematisch ist es, wenn ein Kind länger als drei Tage keinen Stuhlgang hatte oder der Stuhlgang zu hart ist. Dann liegt eine **Verstopfung** vor, die behandelt werden muss. Harter Stuhlgang verursacht zudem auch Schmerzen bei der Ausscheidung. Auf jeden Fall ist es immer hilfreich darauf zu achten, dass das Kind genügend trinkt.

Hat das Kind etwas Verdorbenes gegessen oder verträgt es ein bestimmtes Nahrungsmittel nicht, so scheidet dies der Darm sofort aus. Da der Darminhalt nur kurz im Körper war, konnte ihm durch den normalen Verdauungsvorgang nicht genügend Wasser entzogen werden. Die Folge davon ist, dass es zu **Durchfällen** kommt, d. h. der Stuhlgang ist sehr flüssig, oftmals sind noch unverdaute Essensreste zu sehen. Sind die unverträglichen Produkte ausgeschieden, beruhigt sich das Verdauungssystem wieder. Kommt es zu weiteren Durchfällen, ist vor allem bei Säuglingen höchste Vorsicht geboten. Hier ist auf jeden Fall ein Arzt hinzuzuziehen. Vermehrte und anhaltende Durchfälle bei Säuglingen und Kleinkindern führen zu einem erhöhten Flüssigkeitsverlust im Körper, der unbedingt ersetzt werden muss.

Der Säugling und das Kleinkind müssen sofort in ärztliche Behandlung, wenn folgende Krankheitszeichen auftreten:

- Das Kind wird müde und schläfrig.
- Es hat eine ausgetrocknete Mundschleimhaut.
- Die Haut ist schlaff und nicht mehr elastisch.
- Das Gesicht ist eingefallen, die Augen erscheinen zu groß.
- Urin wird nicht mehr ausgeschieden.
- Die Fontanelle ist eingefallen.

Nach spätestens 24 Stunden muss ein Säugling ins Krankenhaus. Es wird dann über eine Infusion die fehlende Flüssigkeit ersetzt.

Ähnliches gilt für das **Erbrechen**. Verdorbene oder unverträgliche Nahrung gibt der Körper sofort von sich und beruhigt sich anschließend. Bei häufigem und immer wiederkehrenden Erbrechen muss die Ursache ärztlich abgeklärt werden. Im Übrigen muss gerade bei Krabbelkindern immer daran gedacht werden, dass eine Vergiftung vorliegt. In diesem Fall muss sofort Erste Hilfe geleistet werden.

Erbrechen und Durchfälle können beim Säugling allerdings auch oft im Zusammenhang mit **Zahnungsbeschwerden** bestehen. Ob dies der Fall ist, kann nur durch sorgfältige Beobachtung des Kindes und aufmerksame Wahrnehmung der Veränderungen im Verhalten und des Körperzustandes des Kindes erkannt werden. Während der Zeit des Zahnens kommt es bei manchen Kindern auch zu einer erhöhten Temperatur und vermehrtem Speichelfluss. Das Kind ist unruhig, schreit oder steckt seine Faust in den Mund. In einigen Fällen ist auch ein Hautausschlag zu beobachten.

Nicht vergessen werden darf schließlich, dass Erbrechen und Durchfälle oft mit Infektionserkrankungen einhergehen. Auch in diesem Fall kann dies nur herausgefunden werden, wenn die Betreuungspersonen gezielt nach den spezifischen Krankheitszeichen suchen (siehe Kapitel 4.2 Das Erkennen von Krankheitssymptomen).

Beispiel
Der acht Monate alte Sven aus Ihrer Gruppe ist ein aufgeweckter und fideler Säugling. Er erkundet mit Vorliebe auf allen Vieren die Umgebung des Gruppenraumes in der Krabbelgruppe und findet dabei viele interessante Dinge, mit denen er sich oft ausgiebigst beschäftigt. Als die Mutter Sven heute Morgen in die Einrichtung gebracht hat, wirkte sie etwas angespannt. Sie berichtete, dass Sven in der Nacht sehr unruhig gewesen sei, sie ansonsten allerdings nichts bemerkt hätte. Im Verlauf des Morgens wirkt Sven etwas lustlos und unzufrieden. Wenn andere Kinder auf ihn zukommen, beginnt er zu schreien.

A   *Aufgaben*
1. Überlegen Sie, was hinter Svens Verhalten stecken könnte.
2. Welche unspezifischen und spezifischen Krankheitszeichen kennen Sie?
3. Wie würden Sie im Bezug auf Sven weiterhin vorgehen?

4.5   Erste Hilfe und Unfallverhütung

„Gesundheitsförderung ist ein Grundprozess, der allen Menschen ein höheres Maß an Selbstbestimmung über ihre Gesundheit ermöglichen soll, um sie damit zur Stärkung ihrer Gesundheit zu befähigen sowie ihre Kompetenz zu fördern, die Umwelt gesund zu gestalten."

Dieses Zitat der Weltgesundheitsorganisation (WHO) bringt zum Ausdruck, dass es beim Umgang mit der eigenen Gesundheit immer auch darum geht, das Bewusstsein im Menschen dafür zu schärfen, welche Verhaltensweisen Krankheit zur Folge haben können oder welche Umweltbedingungen eine Gefahr für das körperliche Wohlbefinden darstellen. Dies beinhaltet gleichzeitig ein hohes Maß an Eigenverantwortung jedes einzelnen Menschen für die Erhaltung seiner Gesundheit.

Für die Arbeit mit Kindern bedeutet dies gleichsam, dass es nicht nur um das konkrete Leisten von Erster Hilfe oder um die Maßnahmen zur Unfallverhütung geht, sondern, dass darüber hinaus die Eigenverantwortlichkeit der Kinder im Hinblick auf eine gesundheitsfördernde Haltung und Einstellung gefördert werden muss.
Diese Gedanken sind maßgebend für die im Folgenden dargestellten Maßnahmen zur Ersten Hilfe und Unfallverhütung.

4.5.1 Verletzungen durch Stürze

Im Alltag kommt es häufig zu Stürzen. Deshalb wird im Allgemeinen versucht, die Ursachen, die zu einem Sturz führen, herauszufinden und zu vermeiden. Dabei können die meisten Menschen auf Grund eigener Erfahrungen nachvollziehen, dass ein Sturz weniger schlimme Folgen hat, wenn er durch den Betroffenen geschickt abgefangen wird. D. h. jeder, der stürzt reagiert reflexartig auf das Ereignis: der Kopf wird zwischen die Schultern gezogen, die Arme schützend vor den Körper gehalten, der Köper wird über die Schulter abgerollt. Voraussetzung dafür ist, dass ein Mensch die Gelegenheit dazu hatte, diese Bewegungsmuster zu erlernen.

Selbstbewusste und bewegungsfreudige Kinder, die ihren Körper spüren und ihre Leistungen gut einschätzen können, stürzen seltener als Kinder, die in ihrem Wesen zurückhaltender und ängstlicher sind (siehe dazu auch Kapitel 5 Motorische Entwicklung). Dies alles legt die Einsicht nahe, dass die wirksamste Vorbeugung gegen Stürze in der von Emmi Pikler beschriebenen autonomen Bewegungsentwicklung liegt (vgl. von Gosen/Wettich, 2009 S. 8 f.).

Um dem Säugling und Kleinkind die Chance zur Entwicklung seines eigenen Körpergefühls und -bildes zu geben, müssen sich die pädagogischen Fachkräfte überlegen, wie sie den Raum gestalten können, damit sich das Kind darin selbstständig und frei bewegen kann. Dabei kommt es darauf an, dass die Kinder vor größeren Gefahren geschützt sind, die kleineren Gefahren jedoch kennen lernen können. So ist es nicht bedenklich, wenn sich das Kind beim Versuch eine Klettervorrichtung zu erklimmen vielleicht einmal den Kopf anstößt. Es wird nicht weinen, sondern – vorausgesetzt man lässt es in Ruhe – weiterüben und dabei lernen, wie es sich geschickt an der Klettervorrichtung bewegen kann, ohne sich dabei den Kopf anzustoßen. Hat es das Kind geschafft, unbeschadet empor zu klettern, so wird sich das positiv auf sein Selbstwertgefühl und sein Köpergefühl auswirken. Daran wird deutlich, welches enorme Lernpotenzial den Kindern genommen wird, wenn Betreuungspersonen aus Fürsorge zu schnell eingreifen.

Literaturtipp:
Pikler, Emmi: Friedliche Babys – Zufriedene Mütter. Pädagogische Ratschläge einer Kinderärztin, 2. Auflage, Herder, Freiburg, 2009.

Diese Überlegungen ersetzen selbstverständlich nicht eine vorausschauende Unfallverhütung in Kindertagesstätten oder im Haushalt der Familie.

Sturzverletzungen kann wirksam vorgebeugt werden, wenn darauf geachtet wird, dass:
- verschüttetes Wasser auf dem Boden aufgewischt wird.
- Treppen gesichert werden.
- Teppiche auf rutschfester Unterlage liegen.
- Fenster gesichert sind.
- Lattenroste im Kinderbett tiefer gelegt werden.
- Spitze Ecken und scharfe Kanten abgesichert werden.

4.5.2 Verletzungen im Alltag

Wunden

Kleine **Schnittverletzungen** sind harmlos. Bewährt hat sich, wenn der verletzte Körperteil hochgelagert wird. So wird die Blutung eher gestoppt. Unterstützend können die Schnittstellen leicht zusammengedrückt werden. Die Wunde wird dann mit einem Pflaster versorgt.

Schürfwunden sind Wunden, bei denen die Haut leicht abgehobelt wurde. Sie verursachen meist brennende Schmerzen. Hier ist es hilfreich die Wunde vorsichtig zu säubern und sie anschließend mit einer Kompresse abzudecken, die mit einer Mullbinde oder einem Pflasterstreifen befestigt wird.

Bei **Nasenbluten** sollte das betroffene Kind in einer sitzenden Position seinen Kopf nach vorne beugen. Das Blut wird mit einem Tuch oder in einer Schale aufgefangen; in den Nacken des Kindes wird ein kalter Waschlappen gelegt.

Bei Blutungen, die nicht zum Stillstand kommen, muss ein Arzt aufgesucht werden.
Gerade wenn die Wunde mit Schmutz in Kontakt kam, ist eine Überprüfung des Impfpasses hinsichtlich der Wirksamkeit des Tetanusschutzes angebracht.

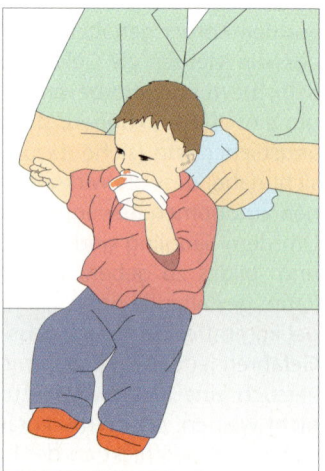

Insektenstiche

Insektenstiche werden am besten sofort gekühlt. Dadurch wird die Schwellung gemindert und der Juckreiz gelindert. Komplikationen können entstehen, wenn sich das Kind kratzt und sich die Einstichstelle entzündet.
Hilfreich ist dann eine Quarkauflage. Quark wirkt anziehend auf Entzündungsstoffe und leitet diese aus der Wunde und dem Körper ab.

Quarkauflage:

Der Quark wird auf ein dünnes Baumwolltuch einen halben Zentimeter dick mit einem Messer oder Spatel aufgetragen. Dann wird das Tuch so zusammengefaltet, dass die so entstandene Auflage der Größe der Wunde entspricht. Um die Auflage wird ein dickeres und saugfähiges Baumwolltuch gewickelt und so befestigt, dass die Auflage nicht verrutschen kann. Die Auflage kann solange auf der Wunde bleiben, bis der Quark eingetrocknet ist.

Merke!
Eine Quarkauflage wirkt auch bei Verbrennungen wohltuend!

Wirklich gefährlich werden kann es dann, wenn das Kind allergisch auf einen Bienen-, Wespen- oder Hornissenstich reagiert. In diesem Fall muss sofort der Notdienst alarmiert werden.

Bundesweit einheitliche Notrufnummern:

112   der Notruf geht zur nächsten Rettungsleitstelle

110   der Notruf geht zur nächsten Polizeileitstelle, die den Rettungsdienst informiert

Inhalt der Meldung:

Wo ist der Notfall?

Was ist geschehen?

Wie viele Personen sind zu versorgen?

Welche Verletzungen oder Krankheitszeichen haben die Betroffen?

Hitzeschäden

Zu den Hitzeschäden zählen Verbrennungen der Haut durch offenes Feuer oder andere Wärmequellen, Verbrühungen, die durch Hautkontakt mit heißen Dämpfen oder heißem Wasser entstehen oder es kommt zu einem Sonnenbrand, Sonnenstich oder Hitzeschlag durch ungeschützten Aufenthalt im Freien.

Hitzeschäden kann vorgebeugt werden, wenn

- Kerzen, heißes Wasser, Elektrogeräte und Herdplatten nie unbeaufsichtigt bleiben.

- Kinder in der Zeit von 12:00 bis 15:00 Uhr nur im Schatten spielen. Prinzipiell sollten schattige Orte als Spielplätze aufgesucht werden. Die Kinder sollten dieses Verhalten frühzeitig erlernen und von sich aus den Schatten suchen.

- für Kopfbedeckung gesorgt wird. Besonders empfindliche Kinder sollten ihren ganzen Körper mit luftiger Kleidung bedecken.

- die Haut immer sorgfältig mit Sonnenschutzcreme eingecremt wird.

Als erste Maßnahme bei Verbrennungen oder Verbrühungen hilft kaltes Wasser! Lindernd wirken auch feuchte Umschläge oder kühlende Auflagen z.B. mit Eiswürfeln oder Kühlelementen aus dem Gefrierfach. Eiswürfel und Kühlelemente müssen allerdings immer in ein Tuch gewickelt werden, bevor sie auf die verletzte Hautstelle aufgelegt werden. Gefrorenes kann an der Haut festkleben und somit zusätzliche Verletzungen erzeugen. Bei ausgedehnten und schweren Verbrennungen sollte auf jeden Fall ein Arzt hinzugezogen werden.

Vergiftungen

Die Zeichen einer Vergiftung sind Bauchschmerzen, Übelkeit, Erbrechen und Durchfall. Vor allem im Sommer, wenn man sich häufig im Freien aufhält, müssen die Betreuungspersonen bei diesen Anzeichen sofort daran denken, dass das Kind eventuell eine hübsch aussehende aber giftige Frucht oder Pflanze gegessen hat. Dies kann einen lebensbedrohlichen Zustand auslösen, da manche Gifte kreislaufwirksam sind und zu einem Stillstand des Herz-Kreislaufsystems führen können. Wenn Sie eine Vergiftung vermuten, sollten Sie sofort einen Arzt benachrichtigen oder den **Giftnotruf** verständigen. Zusätzlich ist es hilfreich, wenn das Erbrochene in einer Tüte gesammelt wird, der Arzt kann dann feststellen, welches Gift das Kind zu sich genommen hat. Falls Vermutungen darüber bestehen, welche Beeren oder Blätter das Kind gegessen hat, sollten diese gepflückt werden und dem Arzt gezeigt werden.

Hausapotheke

In jedem Haushalt und in jeder Kindertagesstätte sollte es v.a. für Notfälle eine Hausapotheke mit folgendem Inhalt geben:

- Instrumente: Einmalhandschuhe, Fieberthermometer, Pinzette, Schere , Sicherheitsnadeln, Rettungsfolie;

- Verbandmaterial: vier bis sechs sterile Mullbinden, sterile Mullkompressen, zwei elastische Binden, zwei Dreieckstücher, Schlauchverbände, Fixierpflaster, steriles Wundpflaster, evtl. Watte;

- Heilmittel zu inneren Anwendung: Schmerztabletten, vom Arzt verordnete Medikamente, Kohletabletten (Durchfall);

- Heilmittel zur äußeren Anwendung: z.B. Arnika-Lösung zur Wunddesinfektion, Salbe gegen Prellungen oder Mückenstiche

- für Kinder zugänglich: zugeschnittenes Wundpflaster in einer Schublade

Eine Hausapotheke sollte übersichtlich geordnet sein und halbjährlich kontrolliert werden. Außerdem sollten alle Telefonnummern für den Notfall und eine Anleitung zur Ersten Hilfe bei Unfall in der Hausapotheke bereit liegen.

Wichtige Telefonnummern für den Notfall sind:
- Rufnummer des Hausarztes;
- der zuständige nächste Giftnotruf;
- das zuständige nächste Krankenhaus;
- Krankenwagen;
- Feuerwehr.

A *Aufgaben*

1. *Planen Sie mit den 5-6-Jährigen Kindern aus Ihrer Gruppe ein Projekt zum Thema Erste Hilfe. Welche Schwerpunkte wollen Sie in diesem Projekt setzen? Wie wollen Sie diese Schwerpunkte erreichen? Was sollen die Kinder nach Abschluss des Projektes können und wissen?*

2. *Planen Sie einen Elternabend zum Thema Unfallverhütung in der Kindertagesstätte. Welche Inhalte wollen Sie mit den Eltern besprechen? Welche Informationen müssen Sie sich beschaffen? Wie wollen Sie das Thema den Eltern präsentieren?*

Recherchieren Sie im Internet, oder erkundigen Sie sich bei einer Rettungsleitstelle in Ihrer Nähe nach Ersthelfermaßnahmen bei Säuglingen und Kleinkindern.

 Fordern Sie bei der Bundeszentrale für gesundheitliche Aufklärung (www.bzga.de) die Broschüre „Kinder schützen – Unfälle verhüten" an.

5 Die psychosoziale Entwicklung des Kindes

5.1 Die motorische Entwicklung

Motorik: Die Gesamtheit aller Bewegungen eines Menschen.

D

Wir unterscheiden dabei zwischen Grob- und Feinmotorik

Grobmotorik	Kopf, Schultern, Rumpf, Becken, Arme und Beine (Gehen, Laufen und Springen)
Feinmotorik	Finger, Zehen, Gesicht (z. B. Gegenstand mit den Augen verfolgen)

Alle Bewegungsmuster (Greifen, Öffnen und Schließen der Faust) und Bewegungsabläufe (Krabbeln, Stehen, Laufen, Springen, Hüpfen, Balancieren) muss das Kind im Laufe seiner Entwicklung erst erlernen. Mit zunehmendem Alter werden gelernte Bewegungen erweitert und verfestigt. Das Kind wird sicherer und geschickter, seine Bewegungen werden harmonischer. Die Entwicklung der Motorik stellt die Grundlage für alles Tun dar, wie z. B. Schreiben, Sprechen, Denken und Handeln.

Die Bewegungsentwicklung vom Säugling zum Kleinkind

Der motorischen Entwicklung von Kleinkindern wird gerade im ersten Lebensjahr von Eltern und pädagogischem Personal große Aufmerksamkeit zugemessen. Beobachten lässt sich dies durch die leicht erkennbaren und vielfältigen Veränderungen in Bewegung, Koordination und Gleichgewicht. Die Entwicklung der motorischen Fähigkeiten des Babys verläuft vom Kopf zu den Füßen; das Kind lernt seine Muskeln von oben nach unten zu beherrschen. So ist der Säugling als erstes zur muskulären Kopfkontrolle fähig, bevor er dann Schultern, die Arme und Hände willentlich benutzen kann. Danach schreitet die Entwicklung weiter über Rumpf, Rücken und Hüften zu den Beinen, bis das Kind schließlich frei gehen kann.

Aufgabe
Ordnen Sie in der folgenden Tabelle die Entwicklungsschritte den Bildern zu.

A

Entwicklung	Entwicklungsschritte	Abbildungen und Zuordnung
Krabbeln	(1) Kopf zur Seite und kurze Anhebung; (2) Kann sich mit drei Monaten mehrere Minuten auf die Unterarme stützen; (3) Nach sechs Monaten Streckung der Arme und abstützen auf den Händen (4) Mit neun Monaten auf allen Vieren Schaukeln; (5) Krabbeln auf allen Vieren	

Entwicklung	Entwicklungsschritte	Abbildungen und Zuordnung
Sitzen	(1) Kann Kopf in der Mitte halten; (2) Kopf im Sitzen kann 30 Sek. aufrecht gehalten werden; (3) Kopf und Wirbelsäule wird mitgehoben; (4) Mit sechs Monaten greift das Kind Knie und Füße; (5) Körperdrehung vom Rücken auf den Bauch; (6) Sitzt mit gestreckten Beinen und geradem Rücken	
Laufen	(1) Automatische Schreitbewegung; (2) Beine bleiben gebeugt und stemmen sich dagegen; (3) Körperge- wicht kann kurz getragen werden; (4) Fängt an zu federn; (5) Steht an den Händen; (6) Zieht sich hoch; (7) Ein Schritt nach vorne, an den Händen festgehalten	
Wahrneh- mung	(1) Folgt einer Rassel; (2) Kann feststellen aus welcher Richtung das Geräusch kommt; (3) Schaut einem Spielzeug nach; (4) Erkennt Details und kann sich auf einen bestimmten Gegenstand konzentrieren	
Greifen	(1) Geschlossene Faust des Neugebo- renen; (2) Kann beide Hände zusammenbringen; (3) Gezieltes ergreifen; (4) Unwillkürliches Loslassen; (5) Kann Gegenstand gezielt in eine Hand legen; (6) Zangengriff	

Literaturtipps:

Hellbrügge, Theodor (Hrsg.): Die ersten 365 Tage im Leben eines Kindes, München, Droemer Knaur, 1980 S. 163 ff. oder *www.knetfeder.de/kkp/motorik.html*

Die Entwicklung in den ersten vier Lebensjahren (Handgeschick und Körperkontrolle): Kiphardt, Ernst J.: Wie weit ist ein Kind entwickelt, Dortmund, 1975/76.

Die Entwicklung des Kindes im Säuglings- und Kleinkindalter unter drei Jahren: Petersen, Gisela: Kinder unter drei Jahren in Tageseinrichtungen, Bd. 2, Köln, Kohlhammer, 1991.

Entwicklung der Motorik im ersten Lebensjahr

Von der Rückenlage bis zum Sich-auf-den-Bauch-Drehen. Sich Wälzen und Rollen				
Entwicklungsverlauf des Kriechens auf dem Bauch bis zum Krabbeln auf Händen und Knien				
Entwicklungsverlauf des Sich-Aufsetzens				
Entwicklungsverlauf des Aufstehens				
Vom freien Aufstehen bis zum freien Gehen				

Die Grafik zeigt beispielhaft auf, wie sich der Entwicklungsverlauf von der Rücken- bzw. Bauchlage bis zum Stehen gegen Ende des ersten Lebensjahres darstellt.
Einen sehr empfehlenswerten, ausführlichen und anschaulichen Entwicklungsverlauf finden wir dokumentiert in Emmi Piklers Werk „Lass mir Zeit" erschienen im Plaum Verlag 2001.

Entwicklung der Motorik vom ersten bis zum sechsten Lebensjahr

In dieser Übersicht handelt es sich um sogenannte Richtwerte. Detaillierte Rückschlüsse über den tatsächlichen Entwicklungsstand eines Kindes können nur bei der Vorsorgeuntersuchung beim Kinderarzt festgestellt werden.

Bis Ende des 12. Monats:
- Das Kind läuft mit Hilfestellung.
- Es versucht die ersten freien Schritte zu machen, ohne sich festzuhalten.
- Es hält sich mit einer Hand im Stehen fest und hebt mit der anderen Hand Gegenstände auf.

Bis Ende des 15. Monats:
- Das Kind kann frei stehen und ohne Hilfe gehen.
- Es fängt an, einen Ball zu rollen oder Würfel aufeinander zu setzen.

Bis Ende des 18. Monats:
- Das Kind steigt Treppen, wenn es sich festhalten kann.
- Es setzt sich hin.
- Es kann auf beiden Beinen hüpfen.
- Es kann sich bücken, ohne umzufallen.
- Es beginnt zu klettern.
- Es zieht beim Gehen einen Gegenstand hinter sich her oder es schiebt etwas.
- Es kann rückwärts gehen.
- Es baut Türme.
- Es kann aus der Tasse trinken.
- Es isst mit dem Löffel.

Bis Ende des zweiten Lebensjahres:
- Das Kind steigt Treppen, auch ohne sich festzuhalten, es zieht jedoch noch ein Bein nach.
- Es kann einen Gegenstand mit dem Fuß anstoßen ohne umzufallen.
- Es kann rasch laufen, hüpfen und sich drehen.

Zwischen drei und vier Jahren:
- Das Kind kann Treppensteigen ohne sich festzuhalten und das Bein nachzuziehen.
- Es kann auf Zehenspitzen gehen.
- Es kann Bewegungen sofort beenden ohne umzufallen.
- Es kann um die Ecke biegen, ohne vorher anhalten zu müssen.
- Es kann Dreirad fahren.

Fünf bis sechs Jahre:
- Das Kind kann auf einem Bein stehen und hüpfen.
- Es kann Fahrrad fahren ohne Stützräder.
- Es kann Purzelbäume schlagen und einen Kopfstandmachen.
- Es kann schreiben lernen, da nun die Muskeln des Handgelenks so weit entwickelt sind, dass das Kind diese feinmotorischen Leistungen erbringen kann.

(vgl. Schenk-Danziger, 2006, S. 107 ff.)

Störungen der Motorik

Die Störungen der Motorik werden unterschieden in organisch bedingte, psychisch bedingte und sozial bedingte Ursachen.

Organisch bedingte Störungen:
spastische Lähmungen, Kinderlähmung, Epilepsie, Behinderungen

Psychisch bedingte Störungen:
Zuckungen (Ticks), Lähmungen und Anfälle, Unruhe in den Bewegungen (ADHS)

Sozial bedingte Störungen:
schwache Körpermuskulatur, allgemeine körperliche Leistungsschwäche, Haltungsschäden, Verzögerungen in der Motorik

Förderung der Motorik

Grundsätzlich gilt: Fördern und unterstützen Sie den natürlichen Bewegungsdrang der Kinder. Die Freude an der Bewegung kann sowohl in Alltagssituationen als auch in gezielten Angeboten geschehen. Viele Pädagogen sind sich darüber einig, dass auch eine Beule oder eine kleine Schramme sinnvoll sein kann, um damit größere Verletzungen oder Unfälle zu vermeiden.

● So sollten pädagogische Fachkräfte den Kindern viele Bewegungserfahrungen im Raum zulassen und ermöglichen. Mögliche Gefahrenquellen müssen entschärft werden.

● Eine gezielte Förderung der Motorik kann durch Bewegungserziehung oder in Form einer Bewegungsbaustelle stattfinden.

● Es eignen sich Ballspiele aller Art, Springen mit dem Hüpfseil, Spazieren gehen, Toben, Rennen und Fangen spielen.

● Die Motorik kann insbesondere auch durch Klettermöglichkeiten oder durch Fahrgeräte verschiedenster Art gefördert werden.

● Förderlich für die Feinmotorik sind u. a. Fingerspiele, Malen, Kneten, Schneiden, Pustespiele und vieles mehr.

Aufgabe
Finden Sie weitere Beispiele, wie Sie die Fein- und Grobmotorik in Kindertageseinrichtungen fördern können.

Bedeutung der Motorik für die Persönlichkeitsentwicklung

- Ein Kind, das sich frei bewegen kann, ist mit sich zufriedener, ausgeglichener und selten ängstlich.

- Ein Kind, das sich frei bewegen kann, ist unabhängiger und selbstständiger und stärkt somit das eigene Selbstvertrauen.

- Ein Kind das sich frei und sicher bewegen kann, verfügt über eine bessere Wahrnehmung, Koordination und über ein gutes Körperbewusstsein. Es hat ein gutes Gefühl für Raum und Begrenzung.

- Ein Kind, das sich frei und sicher bewegen kann, hat ein positives Selbstbild (es sieht sich eher als geschickt und nicht als tollpatschig an) und entwickelt Vertrauen in die eigenen Fähigkeiten.

(vgl. Kühne u. a., 1998, S. 239)

5.2 Die Entwicklung der Wahrnehmung

„Eine Fabel aus Japan berichtet von einer Gruppe blinder Männer, die erstmalig in ihrem Leben einem ihnen unbekannten Tier – einem Elefanten – gegenüberstehen. Sie versuchen das Tier durch Tasten und Fühlen zu erkunden. Jeweils von ihrem Standort aus beschreiben sie das, was sie wahrnehmen können. „Dieses Tier fühlt sich wie Bambusstamm an", äußert derjenige Blinde, der die Rüsselseite untersucht. „Nein, nein!" widerspricht der Blinde, der den Schwanz hat. „Es ist eher wie eine Schlange oder ein Seil." „Vollkommen falsch", ruft derjenige, der sich gegen die Seite des Tieres stützt, „es ist eher wie eine Wand, die atmet, was ich fühle." „Völlig falsch", schimpft der vierte Blinde, der sich mit den Füßen beschäftigt, „dieses Tier fühlt sich eher wie die Säulen eines Hauses an, die das Dach tragen."

(Martin/Wawrinowski, 1991, S. 110)

Aufgabe
1. Was sagt die Geschichte in Bezug zu unserer Wahrnehmung aus?
2. Welche Rückschlüsse lassen sich daraus für die Erziehung ableiten?

Unter Wahrnehmung wird ein bewusster Vorgang der Informationsverarbeitung verstanden. Dieser besteht aus Umweltreizen (äußere Wahrnehmung) und Körperreizen (innere Wahrnehmung). In diesen Vorgang der Informationsverarbeitung fließen frühere Erfahrungen, Gefühle, Motive, Einstellungen und Erwartungen mit ein.

Viele Experimente zeigen, dass unsere Wahrnehmung immer **subjektiv** (auf die eigene Person bezogen) ist und nicht der objektiven Wirklichkeit entspricht. Unsere Wahrnehmung ist kein einfacher Reiz-Reaktions-Vorgang. Eine Vielzahl von Faktoren bestimmen, ob wir überhaupt etwas wahrnehmen, wenn ja, ob wir darauf reagieren und wie wir darauf reagieren.

Merke!
Die Entwicklung der Wahrnehmung ist ein Vorgang der Reizaufnahme und Reizverarbeitung.

Informationen darüber erhalten wir über unser Sinnessystem.

Übersicht über unser Sinnessystem

Art des Reizes	Organ	Beispiele
Die Nahsinne		
Tastsinn (taktil)	Haut	durch Berührungen, Temperaturwahrnehmung, über Empfindungen, durch Schmerz, durch Vibrationen
Geschmackssinn (gustatorisch)	Zunge	Geschmack (süß, sauer, salzig, bitter, umami)
Lage- und Bewegungssinn (kinästhetisch, auch Tiefensinn genannt)	Gehirn	Das Kind entwickelt eine Vorstellung über die Funktion seines Körpers. Es nimmt Raum-, Zeit-, Kraft- und Spannungsverhältnisse der eigenen Bewegung wahr durch: Stellungssinn: Beine sind übereinandergeschlagen, sitzen, liegen; Bewegungssinn: Bewegungen aller Art Kraftsinn: Muskelkoordination z. B. drücken, ziehen Spannungssinn: zeigt den Spannungsgrad der Muskeln
Gleichgewichts-sinn (vestibulär)	Ohr	Balancieren, Bewegung
Die Fernsinne		
Sehsinn (visuell)	Augen	durch Wahrnehmung unterschiedlicher Formen, Farbe, Helligkeit, Licht
Hörsinn (auditiv)	Ohren	durch Wahrnehmung von Geräuschen, Tönen, Musik, Sprache
Geruchssinn (olfaktorisch)	Nase	Wahrnehmung unterschiedlicher Gerüche wie: angenehm, lieblich, süßlich, beißend, ätzend

Alle Sinne des Kindes müssen von Anfang an von der pädagogischen Fachkraft geschult werden. Dadurch lernt das Kind immer besser zu unterscheiden, wie etwas riecht oder schmeckt, aussieht oder sich anfühlt oder welche Geräusche unsere Umwelt für uns bereit hält (vergleichen Sie die Unterscheidungen in der Tabelle).

Entwicklung der Wahrnehmung vom ersten bis dritten Lebensjahr

Bis ca. zur sechsten Woche	• Das Kind reagiert auf laute Geräusche und grelles Licht. • Es kann einen Gegenstand mit den Augen verfolgen.
Bis zum dritten Monat	• Das Kind reagiert auf eine Rassel und folgt der Bewegung.
Bis zum fünften Monat	• Das Kind betrachtet längere Zeit das Spielzeug in seiner Hand. • Das Kind reagiert auf Geräusche wie z. B. summen durch Kopfdrehung.

Bis zum achten Monat	• Das Kind wendet sich gezielt bestimmten Geräuschen zu. • Das Kind schaut heruntergefallenem Spielzeug nach. • Das Kind zeigt mit dem Zeigefinger auf einzelne Dinge an Gegenständen.
Bis zum zwölften Monat	• Das Kind kann Gegenstände z. B. ein Ball in einer Kiste greifen. • Das Kind nimmt nun auch leise Geräusche wahr. • Das Kind wirft Dinge absichtlich weg und findet versteckte wieder.
Bis zum zweiten Lebensjahr	• Das Kind reagiert auf seinen Namen. • Das Kind erkennt zuverlässig ihm vertraute Personen aus der Entfernung. • Das Kind schaut ein einfaches Bilderbuch an. • Das Kind kann auf Körperteile bei sich zeigen.
Bis zum dritten Lebensjahr	• Das Kind erkennt nun auch ihm fremde Personen zuverlässig. • Das Kind kann Farben und Formen zuordnen. • Das Kind kann Klatschgeräusche nachmachen. • Das Kind kann nun komplexere Bilderbücher anschauen und darüber erzählen.

Wahrnehmungsgesetze

Unsere Wahrnehmung unterliegt gewissen Gesetzmäßigkeiten, die zum Teil angeboren sind und zum Teil auf erlernten Fähigkeiten beruhen. Wahrnehmungsgesetze bringen eine gewisse Ordnung und Struktur in unsere Wahrnehmung.

Figur-Grund-Beziehung

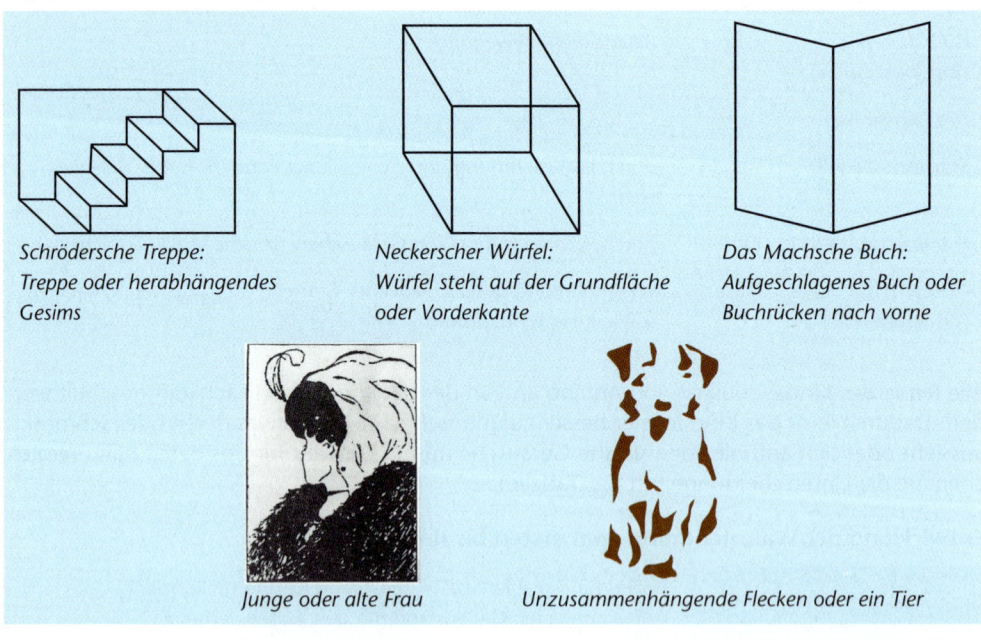

Schrödersche Treppe:
Treppe oder herabhängendes
Gesims

Neckerscher Würfel:
Würfel steht auf der Grundfläche
oder Vorderkante

Das Machsche Buch:
Aufgeschlagenes Buch oder
Buchrücken nach vorne

Junge oder alte Frau

Unzusammenhängende Flecken oder ein Tier

A *Aufgabe*
1. Was sehen Sie zuerst? Irrtum und Täuschung. Erkennen Sie etwas?
2. Finden Sie weiter Beispiele dazu.

Gestaltgesetz der Nähe

Dieses Gesetz findet u. a. Anwendung bei der Wahrnehmung von Menschen. Räumlich nahe Gegenstände oder Personen werden als eine Einheit wahrgenommen. Im Kindergarten werden z. B. 25 einzelne Kinder zu Untergruppen zusammengefasst: Kinder auf dem Bauteppich, Kinder in der Puppenecke, Kinder am Maltisch.

Gestaltgesetz der Ähnlichkeit

Dieses Gesetz ist dafür verantwortlich, wenn wir bestimmten Dingen gleiche Eigenschaften zuschreiben und z. B. sagen: Alle 6-Jährigen Kinder werden zur Gruppe der Schulkinder zusammengefasst und besonders gefördert.

Gesetz der guten Gestalt/Geschlossenheit

Wir sind stets darum bemüht die beste Figur zu bilden, d. h., Reizgegebenheiten, Ereignisse oder Nachrichten klar, einfach und regelmäßig zu strukturieren. Ebenso neigen wir dazu, fehlende Teile einer Figur zu ergänzen. Diesem Prinzip unterliegen vor allem Comiczeichnungen (nur das Wichtigste wird skizziert) und Werbesprüche werden nach diesem Prinzip formuliert, da sie sich besonders gut einprägen (vgl. Abb. auf S. 86 unten rechts).

Faktoren, die die Wahrnehmung beeinflussen

Individuelle Faktoren

Wir sind immer in irgendeiner Form auf etwas eingestellt. Am Wochenende auf Freizeit, beim Autofahren auf den Straßenverkehr usw. **Einstellungen** ergeben sich aus unseren Erwartungen. **Motive oder Bedürfnisse können unsere Wahrnehmung in eine bestimmte Richtung lenken**. Wenn wir Hunger haben, sehen wir eher nahrungsbezogene Gegenstände als wenn wir gerade gegessen haben. Ein Fabrikbesitzer sieht den Streik mit anderen Augen als der Arbeitnehmer.

Auch der **emotionale Zustand** eines Menschen kann sich auf den Wahrnehmungsprozess auswirken. Wer Angst hat, deutet die Geräusche des einsamen Hauses in der Nacht anders als der Furchtlose (vgl. Kühne u. a., 1998, S. 20).

Soziale Faktoren

Unsere Wahrnehmung wird immer auch durch individuelle und soziale Faktoren bestimmt. Unsere Erfahrungen hängen ab von der Gesellschaft, in der wir leben. Sie sind geprägt durch eine ganz bestimmte soziale Umwelt. Kein Mensch kann einzeln und isoliert betrachtet werden, in diesem Sinne ist jede Wahrnehmung zugleich auch soziale Wahrnehmung.

Wahrnehmung anderer Menschen

Die Personenwahrnehmung

Wir machen uns ständig ein mehr oder weniger zutreffendes Bild von anderen Menschen. Aus der Fülle der wahrgenommenen Daten wählen wir uns die passenden aus. Wir ziehen Schlüsse über Motive, Absichten und Eigenschaften anderer Menschen. Das Verhalten des anderen wird von Anfang an auf Sinn- und Zweckhaftigkeit hin gedeutet. Unsere Eindrücke von der Person beeinflussen entscheidend unser Verhalten ihr gegenüber.

Für den Sympathie-Eindruck werden folgende Schlüsselreize verantwortlich gemacht: Augenabstand, Stirnhöhe, Nasenlänge, Abstand der Augen von der Haarwurzel, Höhe der Augen über der Nasenwurzel, Abstand des Mundes zur Nasenspitze, Länge des Kinns.

Das sogenannte Kindchen-Schema

Konrad Lorenz (Verhaltensforscher) hat versucht herauszufinden, welche Merkmale des Kleinkindes bei Erwachsenen besondere Betreuungsreaktionen hervorrufen. Dabei spielen die

Kopf-Rumpf-Proportionen eine wichtige Rolle. Säuglinge haben einen verhältnismäßig großen Kopf und sehr kurze Beine und Arme und werden dadurch als niedlich und süß wahrgenommen. Lorenz bezeichnete dieses Wahrnehmungsprinzip als Kindchen-Schema. Mit dem Kindchen-Schema wird vor allem in der Werbung gearbeitet, es wird aber auch in Comics eingesetzt.

Häufige Fehler in der Wahrnehmung

Der Halo-Effekt (Hof-Effekt)
Wir beurteilen einen Menschen nach vorgefassten Einstellungen, Erwartungen und Kenntnissen. Halten wir ein Kind für klug, neigen wir dazu, dieses Kind in jeder Situation als klug, intelligent und freundlich zu beurteilen. Wir betrachten ein Merkmal als besonders charakteristisch und zentral für eine Person und bilden uns dazu passende andere Merkmale.

Beispiel
Von einem Schüler, der sehr freundlich ist, wird auch angenommen, dass er gute Noten schreibt. Der Halo-Effekt führt schnell zu Verallgemeinerungen und Vorurteilen, weil wir leicht von einem auffälligen Merkmal auf andere schließen, z. B. Übergewichtige sind gutmütig und Brillenträger sind schlau.

Der Milde-Effekt
Damit ist die Tendenz des Beurteilers gemeint, allgemein eine gute Beurteilung abzugeben. Der Beurteiler scheut sich vor einer eindeutigen Aussage und beurteilt entweder zu milde oder zu streng.

Logischer Fehler
Er unterläuft, wenn der Beurteiler annimmt, dass bestimmte Eigenschaften immer zusammen auftreten.

Beispiel
Ein starker Junge ist gleichzeitig auch aggressiv und aktiv, oder „wer lügt, stiehlt auch" oder „Wer einmal lügt, dem glaubt man nicht"

Projektion
Eigene Probleme, Bedürfnisse, Erwartungen und Enttäuschungen werden in die beobachtete Person hineingedeutet oder Kinder projizieren ihre Gefühle, Fantasien auf Gegenstände o.ä.

Beispiel
„Wenn ich für eine Klassenarbeit nicht gelernt habe und eine schlechte Note dafür bekomme, ist der Lehrer Schuld daran, der den Stoff nicht richtig vermittelt hat."

 Aufgabe
Finden Sie weitere Beispiele zu den einzelnen Wahrnehmungsfehlern aus Ihren persönlichen Erfahrungen heraus.

Selbstbild und Fremdbild
Im Verlauf unserer sozialen Interaktion (Wechselbeziehung) erfahren wir, was andere von uns denken, wie sie uns beurteilen, was sie von uns erwarten. Interaktionspartner können Eltern, Geschwister, Erzieher, Freunde, Lehrer usw. sein. Dieses Bild oder die Meinung von uns selbst (**Selbstbild**) haben wir im Laufe unseres Lebens weitgehend aus dem Verhalten anderer Personen uns gegenüber erschlossen. Ist meine Meinung über mich weitgehend positiv, ist es

vermutlich auch mein Selbstwertgefühl – oder mein **Selbst-Konzept**. Selbstbilder können in der Regel nur schwer verändert werden. Wir machen uns ebenfalls ein Bild vom anderen (**Fremdbild**).
Das Selbstbild eines Kindes hängt entscheidend von der Meinung seiner Bezugspersonen ab.

Der Abschnitt Personenwahrnehmung mit den Erkenntnissen aus der Wahrnehmungspsychologie hat deutlich gemacht, dass sich niemand in seiner Personenwahrnehmung sicher sein kann. Viele Menschen haben aufgrund ihrer guten Beobachtungsfähigkeit ein besseres Einschätzungsvermögen als andere. Bessere Menschenkenntnis lässt sich durch wissenschaftliche Methoden z. B. der Beobachtung erreichen und durch ständige Überprüfung der Personenbeurteilung im Hinblick auf die oben genannten Beobachtungsfehler.

Störungen, Verzerrungen und Fehler der Wahrnehmung

Unsere Wahrnehmungsfähigkeit kann auf irgendeinem Gebiet beschränkt sein. Ein Kind das schlecht sieht oder hört, ist benachteiligt, weil seine Sinnesorgane ja nur unvollständige oder ungenaue Informationen liefern.
Zu den Wahrnehmungsstörungen gehören, um nur einige zu nennen:
- Kurz- und Weitsichtigkeit;
- Farbenblindheit;
- Schwerhörigkeit und Taubheit;
- Beeinträchtigungen im motorischen Bereich; das Kind ist z. B. langsam, es stößt ständig Gegenstände um, es ist ungeschickt und unbeholfen beim Turnen, Basteln und Malen.
- Legasthenie (Lese-/Rechtschreibschwäche).

Förderung der Wahrnehmungsentwicklung

Fördern Sie vor allem in den ersten Lebensjahren die Kinder dahingehend, dass Sie
- ihnen genügend emotionale Zuwendung geben;
- eine ganzheitliche Förderung der Sinne unterstützen;
- die Kinder mit den unterschiedlichsten Reizen konfrontieren;
- und vor allem einer Reizüberflutung vorbeugen.

Aufgaben
1. Finden Sie praktische Beispiele zu den einzelnen Punkten der Wahrnehmungsförderung.
2. Stellen Sie diese der Klasse vor und ergänzen Sie weitere Vorschläge.

A

5.3   Die Sprachentwicklung

Wie entwickelt sich die Sprache?

Kinder lernen Sprache unterschiedlich schnell. Dennoch lässt sich eine bestimmte Reihenfolge feststellen, in der das Kind die Sprache lernt. Nachstehende Übersicht soll eine erste Orientierung geben.

Stufe	Alter	Merkmale	Worte
Vorstufe	bis halbes Jahr	Schreien, lallen, weinen, grunzen, gurren, und erste Lautbildung: „gr-gr", „ech-ech"	keine
Lallmonologe	halbes bis ein Jahr	Aneinanderreihung von Silben und erste Wörter entstehen: „ba-ba-ba", „ga-ga", „da-da-da", „Mama", „mimi", „Wau-Wau"	keine
Einwortsätze	ein Jahr bis $1\frac{1}{2}$ Jahre	Bildung von Einwortsätzen, d. h. ein Wort steht für einen ganzen Satz. Meistens werden Hauptwörter verwendet, wie z. B. „Mama" „ Papa" „Ball" „mein" „haben"	ca. 20
Zwei- und Mehrwortsätze	$1\frac{1}{2}$ bis zwei Jahre	Es werden Wörter in der Grundform aneinandergereiht, das erste Fragealter beginnt. „Is'n das?", „Papa weg?", „B(r)ot aufessen"	ca. 20 bis 300
Auf- und Ausbau	zwei bis $2\frac{1}{2}$ Jahre $2\frac{1}{2}$ bis drei Jahre	Einfache Sätze; die Grammatik ist noch fehlerhaft. Einfache Satzgefüge; die Grammatik verbessert sich schnell; Beginn des zweiten Fragealters. „da kommen B(r)iefmann" (Briefträger) „Anna nicht tönnen (sch)lafen"	ca. 450 ca. 900
Festigung	drei bis vier Jahre	Die Satzgefüge werden umfangreicher und die Grammatik festigt sich; schwierige Lautverbindungen (kn, bl, gr) werden gelernt. „da is ne F(r)au, die guckt aus'n Fenster. Warum?"	ca. 1 550
Vollständige Beherrschung	vier bis fünf Jahre	Sprachlich richtige Ausdrucksweise entsteht; die Laute werden richtig gebildet; kleine Geschichten können nacherzählt werden; die Grammatik wird beherrscht; das Kind erzählt in Vergangenheit, Gegenwart und Zukunft. „Als ich noch kleiner war, bin ich noch nicht alleine in den Kindergarten gegangen."	ca. 2 070
Verfeinerung	Sechs Jahre	Anfänge der Schriftsprache	ca. 2 560
12. Schulklasse			ca. 80 000
Durchschnittlich gebildeter Erwachsener			von 20 000 bis 250 000
Student			ca. 150 000

(vgl. Kühne u. a., 1998, S. 156–171)

Die Bedeutung von Mehrsprachigkeit

Immer mehr Kinder wachsen heute mehrsprachig auf. Nicht selten sprechen auch beide Elternteile jeweils andere Sprachen. Für Kinder ist dies eine gute Chance, von klein auf verschiedene Sprachen zu lernen. Je früher sie damit anfangen, desto leichter ist es für sie. Jedoch müssen einige Bedingungen dabei beachtet werden:

- Die Eltern sollen mit ihrem Kind jeweils in der eigenen Muttersprache sprechen.

- Für das Kind müssen klare Sprachregeln gelten, d.h. die Sprachen sollten nicht willkürlich und beliebig benutzt und gewechselt werden.

- Das Kind erlernt die Sprache am besten spielerisch und eingebunden in den Alltag.

- Das Kind muss sich sowohl in der Erst- als auch in der Zweitsprache gleichermaßen entwickeln und einüben können.

Voraussetzungen einer positiven Sprachentwicklung

Für eine positive Sprachentwicklung müssen folgende Voraussetzungen gegeben sein:
- Entwicklung der Stimme
- Entwicklung der Grob- und Feinmotorik
- geistige Entwicklung
- seelische Entwicklung u.a. die Sprechfreude
- Entwicklung des Sehens und des Hörens
- Entwicklung der taktilen (Greifen, Fühlen) Reize

Ursachen einer gestörten Sprachentwicklung

- Eltern reden zu wenig mit ihren Kindern
- hoher Fernsehkonsum
- schlechtes Sprachvorbild
- Beeinträchtigung der oben genannten Entwicklungsbereiche z.B. schlechtes Hören oder organisch bedingte Störungen (Lippenspalte)
- erworbene Störungen wie z.B. das Stottern

Auswirkungen eines mangelnden Spracherwerbs

- kein Anreiz zum Sprechen wird zur Verkümmerung der Sprechbereitschaft
- geistige Mangelerscheinungen, Denkfähigkeit und Intelligenz verkümmern
- mögliche Schulschwierigkeiten
- mangelndes Ansehen in der Gruppe, Außenseiterposition
- Sprache ist Voraussetzung für das Planen, Denken und Handeln

Die Funktion der pädagogischen Fachkraft bei der Sprachentwicklung und -förderung

Die pädagogische Fachkraft sollte bei den Kindern die Sprechlust und das Mitteilungsbedürfnis schlechthin fördern. Sie nimmt eine Vorbildfunktion ein: hört zu, lässt (aus-)sprechen, und korrigiert behutsam.

Sie wechselt mit ihrem eigenen Sprachverhalten ab (Sprachmelodie, Lautstärke und Sprachrhythmus) z.B. beim Märchenerzählen, Erklären einer Bastelarbeit oder bei einer Konfliktlösung.

Beispiel
Nicht: „Ihr verklebt den ganzen Tisch. Macht sofort den Klebstoff zu!"
Besser: „Seht einmal her, wenn ich die Klebstofftube jedes Mal verschließe, läuft kein Klebstoff mehr aus".

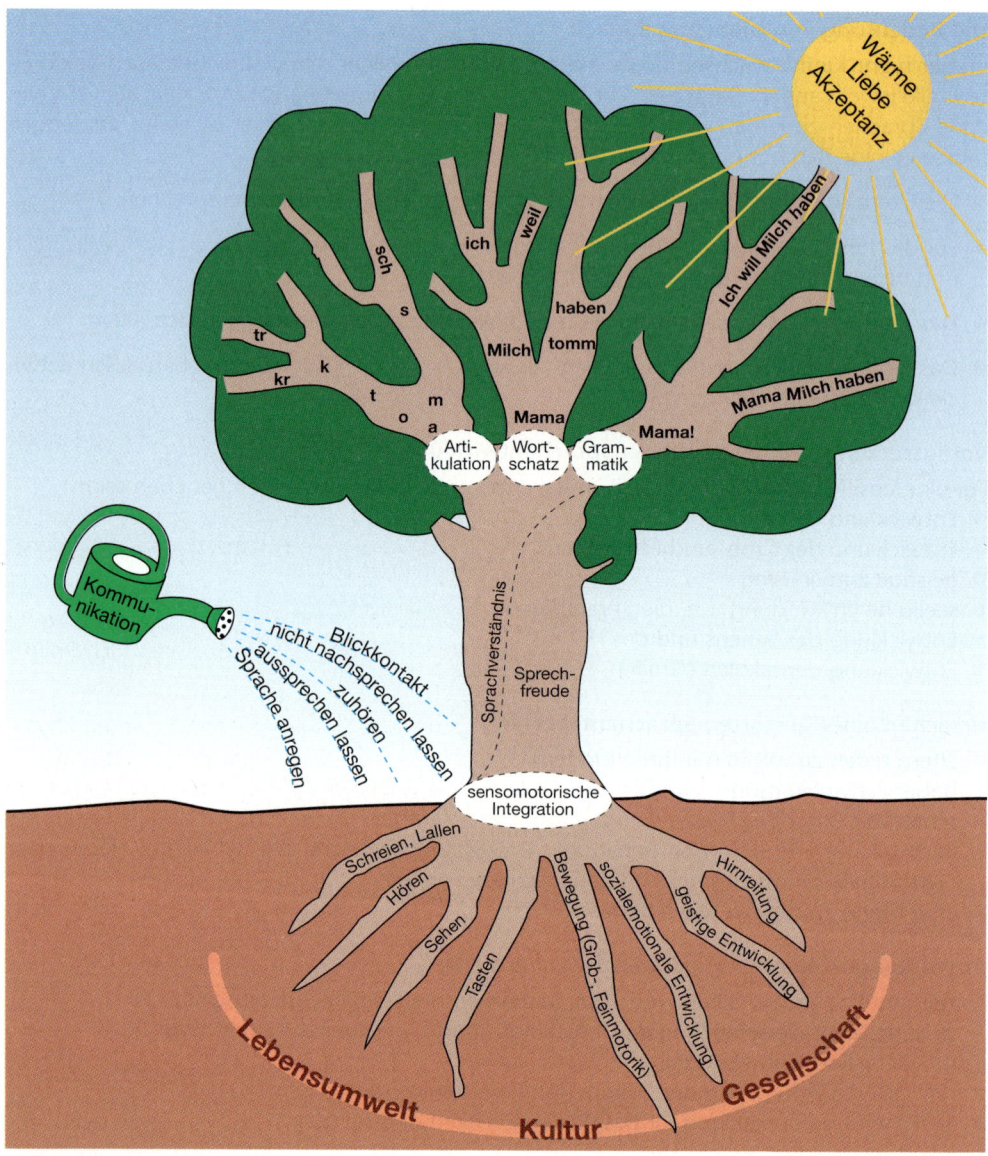

(Wendtland, 2000, S. 10)

Bei gezielten Aktivitäten sollten Sie um eine gute und deutliche Sprache bemüht sein und in ganzen Sätzen sprechen. Beim Dialekt besteht die Gefahr der Verstümmelung und der Undeutlichkeit.

Beispiel
Nicht: „Daisnhund"
Besser: „Da ist ein Hund."

Üben Sie nie direkt ohne fachliche Anleitung (z. B. Logopäde u. a.) mit dem Kind „das richtige Sprechen". Sprache ist Mittel zum Zweck und sollte nicht sinnentleert geübt werden!

Konkrete Hilfen können dazu sein:

- Kreis- und Laufspiele zur Einübung fester **Sprachmuster**.

- Spiele zur Förderung der **Feinmotorik der Hand:** Flohhüpfspiel, Perlen auffädeln, Knetgummi kneten, Steckbretter, Druckknöpfe.

- Spiele zur Förderung der **Mundmotorik:** Tischfußball mit Röhrchen und Watteball, Rosinen mit den Lippen aufheben, mit Halm trinken, Clown spielen.

- Spiele zum Hinhören lernen und zur Steigerung der **Aufmerksamkeit:** Wecker verstecken und suchen lassen, Hänschen piep einmal, Geräuschdosen sortieren, mit verbundenen Augen einem Glöckchen nachgehen, Musik und Töne unterscheiden.

- Spiele zur Erweiterung des **Wortschatzes:** Blinde Kuh, Kindermemory, Bunte Ballone, Kinderdomino, Lottinos, Puzzles.

- Spiele zur Verbesserung der **Artikulation:** Tiere imitieren, Geräusche von Fahrzeugen, Zischen wie eine Schlange, Gurgeln.

- Rollenspiele: Improvisation mit der Sprache. Durch das Hineinschlüpfen in eine andere Rolle (Person) vergisst das Kind seine eigene Person und verliert Hemmungen vor anderen Kindern zu sprechen.

- Freies Puppenspiel: Das Kind wählt sein Spielthema. Das Kind wird schöpferisch tätig. Es drückt Gefühle aus, verarbeitet Eindrücke positiver wie negativer Art. Siehe auch Rollenspiele.

- Musikalisch-rhythmische Erziehung: Sowohl die Sprache als auch die Musik weisen **Rhythmus** (lang-kurz), **Melodie** (hoch-tief), **Klang** (hell-dunkel), **Dynamik** (laut-leise) und eine **Akzentsetzung** (schwer-leicht) auf. All dies kann in Bewegungen umgesetzt werden. So macht die Rhythmik musikalisch-sprachliche Zusammenhänge körperlich erfahrbar.

- Bilderbuchbetrachtung, Geschichten und Märchen erzählen, nacherzählen, spielen, Gedichte, Reime und Rätsel, Lieder, Verse und Fingerspiele dienen vornehmlich der Sprachschatzerweiterung und der Sprachschatzfestigung.

- Gespräche mit Kindern: Durch Sprache werden **Beziehungen** zu anderen Menschen hergestellt. Durch sich mitteilen, fragen, bitten und ablehnen, gemeinsame Aktionen überlegen und planen, etwas in Erfahrung bringen wollen, Begegnung mit der Literatur.

- Angebote zur optischen, akustischen und taktilen Wahrnehmung unterstützen und fördern die Gesamtpersönlichkeit und sind Grundlage für die Sprachentwicklung.

- Die pädagogische Fachkraft begleitet das Kind sprachlich im Umgang mit Dingen. Das Ergreifen von Gegenständen und das Erfahrbar-Machen mit solchen Gegenständen – nämlich das Kennenlernen des Materials, seiner Beschaffenheit, seiner Eigenschaften und Verwendbarkeit – lassen das Kind begreifen. Gegenstände werden in Beziehung zum Kind oder seinem Tun gebracht.

Zusammenfassung und Bedeutung für den Spracherwerb

1. Sprache ist ein wichtiges Kommunikationsmittel.
2. Sie dient zum Aufbau sozialer Beziehungen, und zum Mitteilen von Gefühlen und Gedanken.
3. Sie hat eine denksteuernde Funktion. Mit ihrer Hilfe kann der Wille ausgedrückt werden.
4. Sprache nimmt eine wichtige Rolle bei der Identitätsbildung und Persönlichkeitsentwicklung ein.

5. Sie hat eine wichtige Funktion bei der Integration von Kindern mit Migrationshintergrund.
6. Sprache bezieht den gesamten Wahrnehmungsbereich mit ein.
7. Sie trägt zur Befähigung bei Konfliktlösungsstrategien bei.
8. Sprachstörungen haben eine negative Auswirkung auf die soziale Entwicklung des Kindes.

5.4   Die Denkentwicklung

„Die seltsame Art, wie Kinder Dinge sehen, ist nicht das Ergebnis zufälliger Fantasien einer unvollständigen oder undeutlichen Wahrnehmung einer Realität, wie wir sie sehen. Vielmehr offenbart sich im Denken der Kinder eine ganz bestimmte aber andere Realität, die eine eigene Logik, eine eigene Beständigkeit besitzt."
(Kegan, 2008, S. 50)

 A   *Aufgabe*
Finden Sie Beispiele für die „seltsame Art, wie Kinder Dinge sehen".

Jean Piaget, ein Schweizer Psychologe, hat herausgefunden, dass Kinder in einem bestimmten Alter unterschiedliche Denkweisen haben und sich das Denken vor allem durch die aktive Auseinandersetzung mit der Umwelt verändert und weiterentwickelt. Piaget hat die Denkentwicklung in vier Stufen beschrieben:

Sensumotorische Stufe
Stufe des anschaulichen Denkens
Stufe des logischen Denkens
Stufe des abstrakten Denkens

Sensumotorische Intelligenz (von der Geburt bis 18 Monate)
Diese erste Stufe stellt die Grundlage für die weitere geistige Entwicklung dar. Das Kind verbindet auf dieser Stufe Eindrücke aus seiner Umgebung (z. B. das Mobile über dem Bett) mit motorischen Handlungen (indem es versucht danach zu greifen). Oder: Das Kind bewegt eine Rassel, bemerkt, dass diese Geräusche machen kann und wiederholt die Geräusche dann gezielt.

Symbolisches Denken (ca. zweites bis viertes Lebensjahr)
Das Kind unterscheidet auf dieser zweiten Stufe vorgestellte und tatsächliche Dinge aus seiner Umwelt. Hier lässt sich nun eindeutig Denken im Sinne verinnerlichten Handelns nachweisen. Das Kind wird fähig mit Vorstellungen und Symbolen – die Piaget **Vorbegriffe** nennt – umzugehen. Das Kind weiß nun also, dass ein Symbol für einen Gegenstand stehen kann.

Der Bauklotz wird zur Eisenbahn und im nächsten Moment zum Auto.
Das Kind macht den Bauklotz zum Symbol für andere Gegenstände.

Anschauliches Denken (ca. viertes bis siebtes Lebensjahr)

Das Kind kann in der Regel noch nicht verschiedene Aspekte eines Gegenstandes oder einer Beziehung zwischen Gegenständen gleichzeitig erfassen. Es bleibt meist bei einem herausragenden Merkmal stehen.

Egozentrisches Denken

Das egozentrische Denken ist nicht gleichbedeutend mit egoistischem Denken! Das Kind bezieht alle Erlebnisse auf sich selbst. Es findet Gefallen daran, im Mittelpunkt zu stehen. Es kann kaum von seiner eigenen Sichtweise abrücken und sich in die Sichtweise anderer Personen hineinversetzen. Das Kind ist nahezu nicht in der Lage, Objekte aus einer anderen Perspektive (Raumperspektive) zu betrachten.

Beispiele
Das Kind versteckt sich hinter seiner Puppe oder macht die Augen zu und meint man sieht es nicht; Eifersucht auf Geschwister; Auswahl von Geschenken, hier nach alters- und geschlechtsspezifischen Gesichtspunkten; Umschüttversuch.

Aufgaben
1. Machen Sie ausfindig, was Piaget u. a. bei seinem Umschüttversuch herausgefunden hat.
2. Führen Sie diesen Versuch in Ihrer Praxis durch.
3. Finden Sie Beispiele für „egozentrisches Denken" bei Erwachsenen.
4. Grenzen Sie Egozentrismus und Egoismus voneinander ab.

A

Animistisches Denken

Animismus bedeutet Beseelung lebloser Gegenstände. Das Kind ist noch nicht fähig, die Welt in belebt und unbelebt zu unterteilen. In diesem Sinne bedeutet animistisches Denken gleich beseelendes, vermenschlichtes Denken.

Beispiele
Kinder malen Gesichter in die Sonne; „der Stuhl ist schuld, dass ich mir weh getan habe".

Aufgabe
5. Finden Sie weitere Beispiele aus Ihrer Praxis für animistisches Denken und Verhalten.

A

Magisches Denken

Leblosen Dingen und sich selbst werden in dieser Stufe übernatürliche Eigenschaften zugeschrieben. In der Vorstellung des Kindes ist alles möglich: Hexen, Gespenster und den Osterhasen gibt es wirklich. Es ist die Zeit der Projektionen, Wunschvorstellungen und Träume.

Aufgaben
6. Welche weiteren Beispiele kennen Sie?
7. An welchen Handlungen kann man sehen, dass die Kinder sich in der Phase des magischen Denkens befinden?
8. Erklären und begründen Sie, warum Märchen und magisches Denken sich in besonderer Weise entsprechen.

A

Finalistisches Denken

Beim finalistischen (schlussfolgernden) Denken handelt es sich um eine noch fehlerhafte Verarbeitung von Umwelteindrücken. Die Existenz von Naturerscheinungen wird zweckmäßig erklärt, als ob es sich um menschliche Aktionen handeln würde.

Beispiele
„Bäume sind da, um uns Schatten zu spenden", „Steine sind da, um Häuser zu bauen".

A *Aufgabe*
Ergänzen Sie folgende Beispiele:
Es regnet, damit …
Die Sonne scheint, weil …
Ich muss essen, damit …

Logisches Denken (ca. siebtes bis zwölftes Lebensjahr)

Das Kind zeigt ab dem siebten Lebensjahr Verhaltensweisen, die auf erhebliche Fortschritte in der Denkentwicklung hinweisen. Denken ist nun nicht mehr an die konkrete Wahrnehmung und Erfahrung gebunden. Das Kind kann Schlüsse ziehen (wenn – dann), Lösungen vorwegnehmen und Gesetzen der Logik folgen.
Das Kind bildet nun Kategorien (Ordnungsbegriffe) und unterscheidet zwischen Ober- und Unterbegriffen. Das Kind stellt sich nun Fragen, was das Gemeinsame an bestimmten „Objekten" ist.

Beispiele
Äpfel, Trauben und Birnen sind Obst.
Äpfel, Beeren und Nüsse sind Früchte.
Äpfel, Birnen, Schokolade, Nudeln und Salat sind Lebensmittel.

Abstraktes Denken (ab dem zwölften Lebensjahr)

Nachdem das Kind nun in der Lage ist, mit begrifflichen Vorstellungen umzugehen, lernt es ab dem zwölften Lebensjahr über das Sichtbare und Fühlbare hinaus, Vorstellungen zu entwickeln. Das heißt: Denken ist nicht mehr anschaulich gebunden, sondern differenzierte Denkvorgänge entstehen und sind möglich. Kinder und Jugendliche können nun von abstrakten Voraussetzungen ausgehen, können Hypothesen bilden und diese überprüfen. Dies vollzieht sich meist in ausgiebigen Diskussionen, dem Abwägen von Für und Wider, dem Überprüfen anderer Standpunkte und Meinungen, bis der Jugendliche schließlich zu einer eigenen Anschauung gelangt.

Beispiel
„Was wäre, wenn es keine Kriege mehr gäbe?"

Die Bedeutung der Denkentwicklung

Die Denkentwicklung steht in einem engen und direktem Zusammenhang mit der Sprachentwicklung, der motorischen Entwicklung und der Wahrnehmungsentwicklung. Durch Sprache teilt man seine Gedanken mit und Gedanken können nur mitgeteilt werden, wenn man über Sprache verfügt. Kinder, deren Sprachentwicklung verzögert ist, sind auch in der Denkent-

wicklung zurückgeblieben. Es gilt daher, die Denkentwicklung der Kinder anzuregen, zu unterstützen und zu fördern.

A

Aufgabe
*Entwickeln Sie konkrete Beispiele und Möglichkeiten, wie Sie die
Denkentwicklung in der Praxis anregen und unterstützen kön-
nen.*

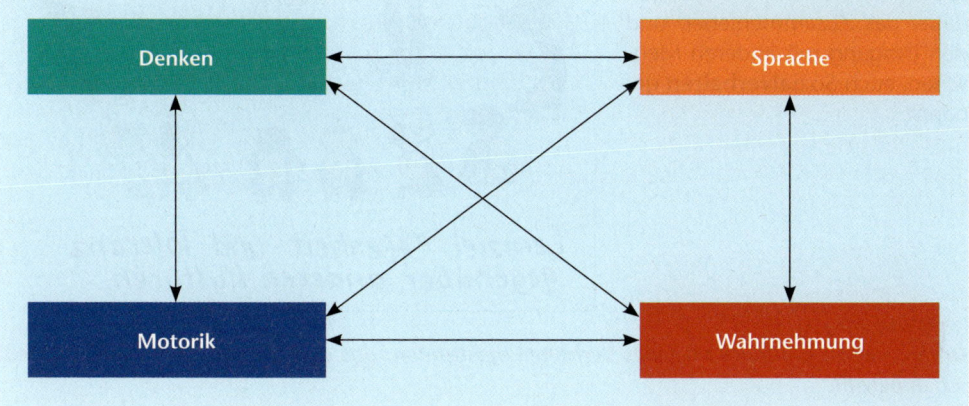

5.5   Die sozial-emotionale Entwicklung

A

Aufgaben
1. Betrachten Sie die Karikatur genau. Was geschieht hier?
2. Arbeiten Sie die Aussage bezüglich des Lernziels heraus.
3. Welcher Erziehungsaspekt ist hier angesprochen?

Sozial sein heißt gemeinschaftsfähig sein. Sozialentwicklung ist das **Hinweinwachsen** des Menschen in die Gesellschaft. Dieser Vorgang wird auch als **Sozialisation** bezeichnet. Wir erlernen dabei das Zusammenleben und den Umgang mit anderen Menschen, auch **Sozialverhalten** genannt.

Lernziel: Offenheit und Toleranz gegenüber anderen Kulturen.

D   *Unter Sozialverhalten wird jedes Verhalten verstanden, das den Umgang mit anderen Menschen betrifft.*

Verlauf der sozialen Entwicklung im Kleinkindalter

Alter	Verlauf	Ziel der Erziehung
Bis sechs Monate: Nach Erikson entsteht **Urvertrauen,** indem das Kind erfährt, dass es sich auf eine Person verlassen kann	• Hautkontakt, Stillen, Lächeln, Stimme • Starke Mutter-Kind-Beziehung	• Versorgung durch Nahrung und Pflege • gefühlvolle Ansprache und Zuwendung
Achter Monat: Fremdeln (siehe Bindungsverhalten)	• Das Kind beobachtet andere Personen in ihrem Tun • Kinder reagieren abwehrend auf fremde Personen • Das Kind erlebt eine Trennungsangst	• Aufbau fester Beziehungen: Mutter – Vater – Kind – Familie
Drittes Lebensjahr: Autonomie- oder Selbstständigkeitsphase bzw. die sogenannte Trotzphase	• Das Kind zeigt starke emotionale und körperliche „Trotz-Reaktionen" • Ein Ich-Bewusstsein entsteht	• Hilfe und Unterstützung bei der Ich-Findung • Grenzen setzen

Alter	Verlauf	Ziel der Erziehung
Drei bis sechs Jahre: Kindergartenalter	● Das Kind verbringt nun mehr Zeit außerhalb der Familie (Kindergarten, Kita) ● andere Personen werden wichtig (z. B. Erzieherinnen)	● Altersgemäßes Spielen ermöglichen ● Gruppenfähigkeit ● Selbstständigkeit fördern ● spielerisches Lernen unterstützen
Ab 14 Jahre: Jugendalter	● Ablösung aus dem Elternhaus (Schule, Freizeiteinrichtungen, Freundeskreis); ● Pubertät ● Gleichaltrige nehmen an Bedeutung zu	● Mehr Selbstverantwortung übertragen ● Hilfe und Unterstützung beim Erwachsenwerden geben

Förderung von sozialem Verhalten im Kleinkindalter

Soziales Lernen in Kindertageseinrichtungen kann beabsichtigt und unbeabsichtigt in vielen Situationen erfolgen. Kinder erlangen dabei **Sozialkompetenz, Selbstkompetenz, Sachkompetenz und Handlungskompetenz.**

Beispiele hierfür finden sich

- in Formen sozialer Kontaktaufnahme;
- durch feste Bezugspersonen und Vorbildfunktion von Erwachsenen im Umgang mit anderen Menschen;
- Vermittlung von Einfühlungsvermögen, Kooperationsbereitschaft und Toleranz;
- Vermittlung von Regeln des Zusammenlebens;
- durch Aufbau von Beziehungen, insbesondere zu gleichaltrigen Kindern;
- durch Lernen und Einüben von Streiten und Versöhnen;
- im Freispiel, beim Spielen, bei Aktivitäten/Projekten, bei Spaziergängen, beim Essen, beim An- und Auskleiden.

Hierfür eignen sich vor allem Aktivitäten und Materialien wie

- Rollenspiele, Pantomime, Gesellschaftsspiele, Bilderbücher, Geschichten, Märchen, Gruppenarbeit, Projektarbeit, Gespräche, Spiellieder, Handpuppen;

- Zeitungen, Kleiderkiste, Fotos, Plakate, Bilderbücher, Medien aller Art, Spiegel, Kaufladen, Puppentheater, Decken, Tücher, Puppen, realistische Gegenstände.

Die hier nur beispielhaft aufgeführten Materialien und Aktivitäten eignen sich in besonderem Maße, soziales Verhalten und den Beziehungsaufbau von Kindern zu fördern und zu unterstützen. Die oben angeführten Kompetenzen sind durch deren Einsatz sehr förderlich.

Störungen des Sozialverhaltens

Wird der soziale Entwicklungsverlauf eines Kindes beeinträchtigt oder massiv gestört, bleiben Folgen und Fehlentwicklungen nicht aus. Auswirkungen einer mangelhaften Sozialentwicklung können u. a. sein, dass Kinder sich schlecht in eine Gruppe eingliedern und leicht zu Einzelgängern werden. Sie drücken sich vor der Übernahme von Aufgaben. Kinder können andere Kinder schlecht einschätzen und kommunizieren weniger mit ihnen. Oder es kommt zu sozial abweichendem Verhalten, welches sich in verschiedenen Erscheinungsformen ausdrücken kann, wie

- aggressive Verhaltensweisen durch Streit, Zerstörung oder Gewalt;

- soziale Auffälligkeiten wie Fernbleiben von der Schule, Leistungsprobleme oder Leistungsverweigerung, Davonlaufen, Diebstahlsdelikte;

- Schwierigkeiten soziale Beziehungen zu gestalten, übertriebene Hilfsbereitschaft oder Anpassung;

- Gefährdung durch Suchtmittel wie Drogen oder Alkoholmissbrauch;

- Abdriften in die Kriminalität.

Die Bedeutung des Sozialverhaltens und der Sozialentwicklung

Soziale Fähigkeiten wie Miteinander-Kommunizieren, Geben und Nehmen, Hilfsbereitschaft, Streiten und Versöhnen, sich Einfühlen, Teilen u.v.m. wird einem nicht in die Wiege gelegt. Diese Fähigkeiten sind nicht angeboren, sondern müssen von Erwachsenen vorgelebt und vom Kind gelernt und erworben werden. Wichtig für die soziale Entwicklung ist der Aufbau von sicheren und zuverlässigen Beziehungen in den ersten drei Lebensjahren.

Jedoch wissen wir, dass nicht alle Kinder gleichermaßen sozial kompetent und stabile Persönlichkeiten sind. Wenn wir nun dieser Frage nachgehen, woran es liegen kann, dass manche Kinder an ihrem Leid, ihren Problemen und Schwierigkeiten leiden oder zerbrechen und andere wiederum sich zu selbstbewussten Persönlichkeiten entwickeln, finden wir Antworten in der Resilienzforschung (Forschung von der Widerstandsfähigkeit).

Sie hat herausgefunden, dass Faktoren wie
- eine genetische Veranlagung wie Gutmütigkeit oder aktives Verhalten,

- vertrauensvolle Bezugspersonen außerhalb der Familie und
- Persönlichkeitsmerkmale wie Vertrauen in die eigenen persönlichen Fähigkeiten und mit Problemen fertig zu werden,

Kinder dazu befähigen, mit Konflikten besser umzugehen, ausgeglichener und selbstsicherer zu sein und mit Schicksalsschlägen besser fertig und damit widerstandsfähiger zu werden.

Bindungsverhalten als Bestandteil sozialer Entwicklung

Bereits das Neugeborene braucht neben der körperlichen Versorgung und Pflege die soziale Betreuung. Zunächst bestehen soziale Kontakte hauptsächlich zu den erwachsenen Bezugspersonen in der Familie. Forscher sind der Meinung, dass der Anblick eines Babykopfes automatisch **Zuwendungsverhalten** auslöst. Die hohe Stirn, die großen, tiefliegenden Augen und die ausgeprägten Wangen veranlassen Erwachsene dazu, sich einem Baby zuzuwenden.

Eine wichtige Eigenschaft des Babys ist es, **Zeichen (Signale)** aus der Umwelt zu beachten. Es lauscht der Stimme der Mutter oder des Vaters, es beruhigt sich, wenn es getragen und geschaukelt wird. Darüber hinaus kann das Baby auch **Signale aussenden**. Es kann lächeln und sich anschmiegen oder auch schreien. Diese Fähigkeit des Babys löst bei der Bezugsperson wiederum ein verstärktes Zuwendungsverhalten aus und sie reagiert auf das Baby mit Nähe, Trost und Schutz. Die **Fähigkeit**, die das Baby mitbringt, wird **Bindungsverhalten** genannt. Indem die Bezugsperson auf das Verhalten des Babys reagiert, entsteht eine Bindung zwischen ihr und dem Kind.

Zunächst kann das Baby die Personen noch nicht richtig unterscheiden. Aber schon mit sechs Monaten sucht es in für sich unsicheren, belastenden Situationen den Schutz der Person, die es betreut. Eine Bindung an die Bezugsperson lässt sich an den Verhaltensweisen des Kindes erkennen. Es sucht Kontakt zur Bezugsperson und vermisst sie, wenn sie nicht da ist.

Das **Fremdeln** wird als Hinweis dafür angesehen, dass eine Bindung entstanden ist. Es tritt etwa um den achten Lebensmonat herum auf und wird deshalb auch als **Acht-Monats-Angst** bezeichnet. In dieser Zeit reagieren Kinder auf fremde Personen furchtsam, abwehrend und weinen oder schreien sogar. Wird ein Kind von seiner Bezugsperson in einer nicht vertrauten Umgebung allein gelassen, weint das Kind ebenfalls und man spricht von **Trennungsangst**. Bindungen können durchaus zu mehreren Personen entstehen. Ist die Bindung an eine oder mehrere Personen gelungen, so ist die Grundlage für die weitere Sozialentwicklung gelegt.

5.6 Autonomiealter

In der nun nachfolgenden Entwicklungsphase ist das Grundthema des Kindes die **Autonomie**. Eltern und pädagogischen Fachkräften ist diese Phase auch als sogenannte Trotzphase bekannt und vertraut. Das liebste Wort der Kinder ist häufig ein bestimmtes „Nein". Dies alles hat seine Gründe und Ursachen.

Autonomie bedeutet Selbstständigkeit, Unabhängigkeit. Sie kann nur in einer sozialen Koppelung (in einem sozialen Zusammenhang) oder einer sozialen Bindung gedeihen.

Verlauf des Autonomiealters

Ab dem zweiten Lebensjahr wird das Kind beweglicher, lernt mehr und mehr das Sprechen, erkundet aktiv seine Umwelt und wendet sich anderen Personen zu. Bestimmte Ursachen und Entwicklungsabläufe bestimmen das Autonomiealter.

Psychologische Ursachen

- Das Kind entdeckt sich selbst als **eigene Person** mit einem **eigenen Willen**.
- Es verwendet die Fürwörter „**Ich**" und „**Du**".
- Es erkennt sich zuverlässig im Spiegel.
- Durch die Erfahrung des eigenen Ich ist das Kind erstmals damit konfrontiert, dass auch andere Menschen (vor allem die Eltern) einen eigenen Willen haben und auch sie ihre Bedürfnisse durchsetzen wollen.
- Es versucht herauszufinden, was es alles bewirken kann und wo seine Grenzen liegen.

Ursachen in der Erziehung
- Das Kind will viel selbst und eigenständig machen (z. B. Saft einschenken, Haustüre aufsperren usw.).
- Bei Konflikten kommt es schnell zu Wutausbrüchen.
- In Verbindung mit den pädagogischen Ursachen wird das Trotzverhalten als Reaktion auf einschränkendes Eltern- und Erzieherverhalten gesehen.

Biologische Ursachen
Es findet eine körperliche Umstellung im dritten Lebensjahr statt: es kommt zu leicht erhöhtem Blutdruck, Schweißausbrüchen, schneller Ermüdbarkeit, Unruhe.

Verhalten des Kindes
- Das Kind fängt Spiele an und beendet sie nicht.
- Es ist unausgeglichen, unruhig, hat einen schlechten Schlaf und schlechte Träume.
- Es stellt viele Fragen ohne Interesse auf Beantwortung.
- Es unterliegt Stimmungsschwankungen und zeigt aggressive Verhaltensweisen, wie Wutausbrüche (begleitet durch Schreien, Aufstampfen, Treten, Beißen, Sich-Hinwerfen). Diesen negativen Verhaltensweisen schließen sich oft Liebesbeweise an wie auf dem Schoß Sitzen, Schmusen, Zärtlich-/Anschmiegsam-/Lieb-Sein.

Umgang in Konfliktsituationen und pädagogisches Handeln bei Trotzreaktionen
- Das Kind vor altersgemäße Entscheidungen stellen, z. B. durch Fragen wie „Möchtest du Milch oder Kakao?"
- Versuchen Sie das Kind zu verstehen, warum es dies oder jenes möchte.
- Positives Verhalten des Kindes loben und damit verstärken.
- Die Situation entkrampfen und wo möglich das Kind ablenken. Reaktion durch Gelassenheit, Herzlichkeit, Lachen und Nicht-Zu-Ernst-Nehmen einer Situation sind gute Verbündete für Eltern und Erzieher.
- Ge- und Verbote begründen, wo sie notwendig sind. Unbedingt einhalten. Nicht erpressen lassen.
- Das Kind unterstützen und ihm aus seiner Trotzecke heraushelfen.
- Konfliktlösungen aufzeigen, bei denen es möglichst keine Sieger und Besiegte gibt.
- Vermeiden Sie auf jeden Fall harte Erziehungsmaßnahmen.

Folgen für das Kind bei einschränkendem, unangemessenem Erzieherverhalten während des Autonomiealters

- Eine gewaltsame Unterdrückung des Autonomiebestrebens des Kindes beeinträchtigt seinen Lebensmut.

- Mangelnde Möglichkeiten der Ich-Findung erschweren den Aufbau eines gesunden Selbstwertgefühls und Selbstannahme des Kindes. Das Kind kann Minderwertigkeitsgefühle bekommen.

- Negative Auswirkung auf die weitere Persönlichkeitsentwicklung z.B. geringes Einfühlungsvermögen, geringere Fähigkeit Konflikte zu lösen, Intoleranz usw.

Bedeutung des Autonomiealters für die Persönlichkeitsentwicklung des Kindes

- Das Autonomiebestreben ist Bestandteil der **sozialen Entwicklung.**

- Voraussetzung hierfür sind ein liebevoller Umgang und Sicherheit in den ersten Lebensjahren (**Urvertrauen**).

- Erster schrittweiser Ablösungsprozess von Bezugspersonen als Voraussetzung eines selbstständigen Ich mit eigenem Willen.

- Eine positive Bewältigung dieser Entwicklungsphase bedeutet für das Kind: Die Grundlagen für Toleranz, Konfliktbewältigung, Willenskraft, Geben und Nehmen, Teilen usw. werden gelegt.

- Das Kind entwickelt Selbstannahme, Selbstbewusstsein und Selbstvertrauen, welches Voraussetzung für eine gesunde Persönlichkeitsentwicklung ist.

5.7   Entwicklung der Sexualität

Sexualität ist **soziales Handeln**. Sexuelles Handeln ist nicht nur Geschlechtsverkehr, sondern dient einer Verständigung zwischen Mann und Frau bei dem es **um mehr** als nur Sex geht. Es geht um Offenheit, Fantasie, Hingabefähigkeit, Liebe zum eigenen Körper und zu dem anderen Menschen. Auch das gilt es zu lernen!

Sexuelle Entwicklung des Kindes – Sexualität des Säuglings

Der Säugling mag es gestreichelt zu werden. Er liebt es nackt zu strampeln. Der Säugling macht sinnliche Erfahrungen z.B. durch Baden, Eincremen oder Massieren. Der Säugling sucht die Brust der Mutter. Der Säugling nimmt alles in den Mund. Der Mund ist beim Baby von zentraler Bedeutung **(orale Phase)**. Der Säugling unterscheidet zwischen Lust und Unlust, zwischen Wohlbehagen und Unwohlsein. Durch eine liebevolle Zuwendung mittels Streicheln, Stillen usw. bekommt der Säugling einen guten Kontakt zu seinem Körper.

Die Bedeutung der Sauberkeitserziehung

Spätestens im Alter von zwei Jahren beginnt die **Sauberkeitserziehung**. Denn frühestens mit 26 Monaten ist das Kind in der Lage Blase und Darm zu kontrollieren. Das Kind empfindet Lust am Ausscheidungsvorgang **(anale Phase)**. Es ist sehr stolz auf seine Ausscheidungsprodukte und möchte sie jedem zeigen. Das Kind hat Macht über seine Ausscheidungen, es kann absichtlich etwas hergeben oder zurückhalten. Wenn Eltern ihrem Kind allzu deutlich zeigen, dass sie sich vor den Ausscheidungsprodukten ekeln und Abscheu zeigen und dass alles schnell und unauffällig gehen soll, bekommen Kinder kein gutes Verhältnis zu ihrem Körper.

Hilfen und Tipps zum Sauber und Trocken werden

Wann sollte ein Kind auf den Topf? Diese Frage stellt sich vielen Eltern und pädagogischen Fachkräften. Dafür gibt es acht goldene Regeln:

1. Das Kind erst auf den Topf setzen, wenn es sitzen kann.
2. Das Kind nicht länger als zehn bis 15 Minuten sitzen lassen. Keine Reinlichkeitsdressur!
3. Kein Ekel oder Abscheu über das Ausscheidungsprodukt zeigen.
4. Sich über das Ausscheidungsprodukt freuen.
5. Das Kind loben.
6. Während das Kind auf dem Topf sitzt, sollte es nicht spielen.
7. Bei Misserfolgen und Rückschlägen das Kind ermutigen.
8. Das Kind soll beim Entleeren des Topfes helfen.

Folgen falscher Sauberkeitserziehung können Rückfälle wie Bettnässen, Einkoten, Ess- und Schlafstörungen, Aggressivität, Unsicherheit und Unselbstständigkeit sein.

Merke!
Sauberkeitserziehung sollte für das Kind stets positiv verlaufen. Liebevolle Unterstützung, Geduld und kein Zwang sind die besten Hilfen für das Kind.

Im Alter von drei bis fünf Jahren **(phallische oder ödipale Phase)** nimmt das Kind mehr und mehr seinen eigenen Körper wahr. Unterschiede zwischen Mann und Frau, Junge und Mädchen werden wahrgenommen. Das Kind erlebt sich zugehörig zu einem Geschlecht. Das Kind interessiert sich für seinen eigenen Körper und geht auf Entdeckungsreise. Die Zeit der **Doktorspiele** beginnt. Es tauchen Fragen auf, wie.
- Wird der eigene Penis auch einmal so groß wie der des Vaters?
- Wächst er beim Mädchen noch?
- Woher kommen die Kinder?

Ab dem dritten Lebensjahr kann es zu spontanen sexuellen Erregungen kommen. Auch Selbstbefriedigung ist in diesem Alter schon möglich, aber ohne dass das Kind sich etwas dabei denkt. Kinder haben ihren Körper und damit auch ihre Sexualität. Kindliche Sexualität und erwachsene Sexualität sind zu unterscheiden!

Ziele von Sexualerziehung
- Ermöglichen Sie dem Kind einen guten Kontakt und eine gute Einstellung zum eigenen Körper. Sich im eigenen Körper wohlzufühlen ist eine wichtige Bedingung positiven Sozialverhaltens.

- Zwingen Sie das Kind nicht zu schnell sauber zu werden. Freuen Sie sich und loben Sie das Kind, wenn es auf dem Topf war.

- Kinder sollen ihre Sexualität als etwas Selbstverständliches sehen und sich ihrer erfreuen. Sexualität ist ebenso natürlich wie das Essen, Schlafen oder Spielen der Kinder.

- Sexualität soll nichts Peinliches sein. Leider ist dieser Lebensbereich immer noch mit Vorurteilen, Ängsten und Tabus belegt.

- Geben Sie sexuellen Spielen keine zu große Bedeutung. Kinder sollen unbeobachtet und angstfrei ihren Körper kennenlernen können.

- Hat das Kind Fragen, beantworten Sie diese kindgerecht.

THADDÄUS TROLL

Wo kommen die kleinen Kinder her?

Ein Aufklärungsbuch für junge Menschen

cadeau

Merke!
Ziele einer gefühlsbejahenden Sexualerziehung sind Wissen, Erkennen, Bejahen, Tolerieren, Hinterfragen, Durchschauen.

Aufgaben
1. Sie haben nun Ziele einer guten Sexualerziehung kennengelernt. Beschreiben Sie nun jeder für sich Folgen einer unangemessenen Sexualerziehung.
2. Nicht immer verläuft Sexualität für Kinder positiv. Kinder machen auch schlechte Erfahrungen im Umgang mit ihrer Sexualität. Sie werden ausgebeutet, missbraucht und vieles mehr. Beschreiben Sie Möglichkeiten, wie Sie Kindern Schutz vor Sexualdelikten geben könnten. Machen Sie sich davor fachkundig!

5.8   Die moralische Entwicklung

Beispiel

Silke und Petra sind Freundinnen. Sie sitzen in der Klasse nebeneinander, machen die Hausaufgaben zusammen und lernen auch gemeinsam für Klassenarbeiten. Silke hat in Mathe bereits zwei schlechte Noten geschrieben und die dritte Klassenarbeit steht bevor. Um das Klassenziel zu erreichen muss sie mindestens eine Drei schaffen. Sie geht mit sehr viel Angst in diese Arbeit, obwohl sie mit Petra gelernt hat und sich im Stoff sicher fühlt. Bei der letzten Arbeit verhielt es sich ähnlich: zu Hause beim Lernen konnte sie alles und in der Arbeit ist ihr vor  *lauter Angst nichts mehr eingefallen. Petra hingegen hat überhaupt keine Probleme in Mathe, sie steht auf einer guten Zwei. Beim Lernen bittet Silke ihre Freundin Petra, ihr während der Arbeit zu helfen (vgl. Altenthan, 1996, S. 251).*

Aufgaben
1. *Darf Petra das tun?*
2. *Was könnte dafür, was dagegen sprechen?*
3. *Welche zwei Verhaltensweisen (Normen) stehen hier im Widerspruch?*

Moral ist eine Vielfalt von unterschiedlichen Normen (Freunden helfen, Ehrlichkeit) in einer Gesellschaft. Das Gewissen ist dabei die „innere Stimme", die prüft, ob das tatsächliche Verhalten mit den Normen übereinstimmt.

Die Entwicklung der Moral vollzieht sich in verschiedenen Stufen (siehe dazu ausführlicher die Moralentwicklung von Lawrence Kohlberg). **Moral** richtet sich an den **Normen** einer Gesellschaft aus. Das Gewissen ist die **Regelinstanz** für moralisches Bewusstsein.

Gewissensbildung

In jedem Menschen gibt es ein Zentrum, das seine Handlungen und Überlegungen beurteilt und ihm jeweils sagt, was gut und böse, lobenswert und falsch ist, nämlich das Gewissen. Es nimmt Stellung, ruft uns an und mahnt. Das Gewissen muss ausgebildet und geformt werden. Es ist abhängig von der jeweiligen Kultur und Religion, in der Menschen aufwachsen. Nicht selten trägt der Glauben zur Gewissensbildung bei, aber in erster Linie sind es die Eltern. Leider sind wir Erwachsenen oft kein gutes Beispiel für die kindliche Gewissensbildung. Beispiele hierfür sind, dass wir Unrecht in bestimmte Begriffe fassen und es oft damit wie folgt entschuldigen: es sei ein Kavaliersdelikt oder eine Notlüge, wir „besorgen" etwas statt es stehlen zu nennen und die Lüge wird als bewusste Täuschung eingesetzt.

Bedeutung der moralischen Entwicklung

Die Verhaltensvorschriften (Normen) in unserer Gesellschaft unterliegen heutzutage einem raschen und ständigen Wandel. Was vor Jahren gutgeheißen wurde, tritt heute in den Hintergrund. Soziale Werte wie Gemeinschaft, Hilfsbereitschaft, Rücksichtnahme und Höflichkeit verlieren zunehmend an Wichtigkeit und Bedeutung. Heute stehen oft materielle (finanziell-wirtschaftliche) Werte, Erfolg und Durchsetzungsfähigkeit im Vordergrund. Bisher geltende Werte verfallen. Dies bringt Probleme in der Erziehung mit sich. Diese Probleme äußern sich in Rückzug, Vereinsamung, Verweigerung und Orientierungslosigkeit.

Unser Informations- und Technologiezeitalter wirft in vielen Bereichen neue moralische Fragen auf: Darf der Mensch alles tun, was technisch und wirtschaftlich machbar ist? Sterbehilfe: Ja oder Nein? Wohin gehen die Wege der Genforschung und -manipulation? Welche Verantwortung tragen wir für die nächste Generation in der Umwelt-, Atom- und Energiepolitik?

Förderung der moralischen Entwicklung

Verinnerlichung von Normen bedeutet mehr als nur die Kenntnis der Normen. Verinnerlichung heißt, die Normen anzuerkennen und als die eigenen anzusehen und zu leben. Sie werden Teil der Person. Begründungen von Normen sind im Kleinkindalter weniger sinnvoll, da Kinder die Normen auf Grund ihrer Denkentwicklung noch nicht erfassen können. Wichtiger ist hier die Beziehung zu leben, **Vorbild zu sein**, den Kindern Orientierungshilfe in all den dringenden Fragen und Problemen zu geben.

Literaturverzeichnis

Altenthan, Sophia: Erziehungslehre, 1. Auflage, Stam, Köln, 1996.

Bienstein, Christel/Fröhlich, Andreas: Basale Stimulation, 4. Auflage, Seelze-Velber, Kallmeyer, 2007.

Bundeszentrale für gesundheitliche Aufklärung (BZgA): Impfungen. Sicherer Schutz vor Infektionskrankheiten für Kinder, bearbeitet v. U. Peters, Köln, Juni 2006.

Dpa: Aufstehen ja, wickeln nein, in: Badische Zeitung, 29.11.2005.

Evangelisches Diakoniekrankenhaus, Arbeitsgruppe Stillrichtlinien, Stillrichtlinien für familienfreundliche Geburtshilfe, Freiburg, März 2003.

Friedrich, Gerhard/Streit, Christine: Was sich im Kopf abspielt. Erkenntnisse aus der Hirnforschung und ihre Bedeutung für die Elementarpädagogik, in: Kindergarten heute, Heft 9, 2002, S. 6–11.

Geist, Christine: Hebammenkunde. Lehrbuch für Schwangerschaft, Geburt, Wochenbett und Beruf, Berlin, de Gruyter, 1995.

Gerner, Diane/Eckelmann, Nicole: Vom Säugling zum Kleinkind, Handwerk und Technik, Hamburg, 2008.

Holthausen, Susanne: Hygiene ist wichtig, abgerufen unter: www.tk-online.de/tk/krankheiten-g/neue-grippe/hygiene-ist-wichtig/171630, Techniker Krankenkasse, Hamburg [28.07.09]

Kaufmann-Hayoz, Ruth: Entwicklung der Wahrnehmung, in: Handbuch der Kleinkindforschung, hrsg. v. Heidi Keller, Berlin/Heidelberg, Springer-Verlag, 1989, S. 401–418.

Kegan, Robert: Die Entwicklungsstufen des Selbst, 5. Auflage, München, Kindt, 2008.

Klein, Margarita/Meissner, Brigitte: Die Geburt als Dialog zwischen Mutter und Kind, in: Das Neugeborene in der Hebammenpraxis, hrsg. v. Bund Deutscher Hebammen e.V., 2004, S. 28–31.

Kühne, Norbert/Gewicke, Monika/Harder-Kühne, Helga/Priester, Jens/Sudhues, Mechthild/Tiator, Gerd: Psychologie für Fachschulen und Fachoberschulen, 6. Auflage, Köln, Stam Verlag, 1998.

Lenzen-Schulte, Martina: Spiegelneuronen. Wie man sich in andere hineindenkt und mit ihnen fühlt, in: Deutsche Medizinische Wochenschrift, 2006, 131. Jg., Heft 9, S. 421–422.

Lewicki, Marie-Luise: Kann man Babys (v)erziehen? In: Eltern Sonderheft, Gruner + Jahr, München, 2005/2006, S. 50.

Martin, Ernst/Wawrinowski, Uwe: Beobachtungslehre, 2. Aufl., Weinheim/München, Juventa, 1993.

Ministerium für Kultus, Jugend und Sport Baden-Württemberg: Orientierungsplan, Weinheim/Basel, 2009.

Piaget, Jean: Das Erwachen der Intelligenz beim Kinde, übersetzt v. Hans Aebli, Klett, Stuttgart, 1969.

Polinski, Liesel: PEKiP. Spiel und Bewegung mit Babys, 9. Auflage, Hamburg, 2008.

Pulkkinen, Anne: Babys spielerisch fördern, 4. Auflage, Gräfe und Unzer, München, 2004.

Schenk-Danziger, Lotte: Entwicklungspsychologie, bearbeitet von Karl Rieder, 2. Auflage, Österreichischer Bundesverlag, Wien, 2008.

Schlieper, Cornelia: Lernfeld Hauswirtschaft, Handwerk und Technik, Hamburg, 2003.

Schmerkotte, Hans: Kinder in Tageseinrichtungen und Tagespflege, hrsg. v. Bundesministerium für Familie, Senioren, Frauen und Jugend, 6. Auflage, Berlin, 2002.

Singer, Wolf: Der Beobachter im Gehirn. Essays zur Hirnforschung, Suhrkamp, Frankfurt a.M., 2002.

Stumpf, Werner: Homöopathie für Kinder, München, 2008.

Thimm, Katja: Neue Lernstrategien aus der Hirnforschung, in: Spiegel spezial. Lernen zum Erfolg, Heft 3, 2002, S. 91.

Thüler, Maya: Wohltuende Wickel, Wickel und Kompressen in der Kranken- und Gesundheitspflege, 3. Auflage, Eigenverlag, Worb, 1990.

Von der Beek, Angelika: Bildungsräume für Kinder von Null bis Drei, 4. Auflage, Weimar/Berlin, Das Netz, 2008.

Von Gosen, Andrea/Wettich, Nina: Jedes Kind hat sein eigenes Zeitmaß, in: Kindergarten heute, Heft 5, 2009, S. 8–14.

Von dem Knesebeck, Monika/Münstermann, Ursula: Das Baby. Informationen für Eltern über das erste Lebensjahr, hrsg. v. der Bundeszentrale für gesundheitliche Aufklärung, Köln, 2009.

Von Stackelberg, Hans: Windpocken (Varizellen) und Windpockenimpfung, unter dgk.de/gesundheit/impfen-infektionskrankheiten/krankheiten-von-a-bis-z/windpocken-varizellen.html [29.07.09]

Wendtland, Wolfgang: Sprachstörungen im Kindesalter, 4. Auflage, Thieme, Stuttgart, 2000.

WHO (Erste Internationale Konferenz zur Gesundheitsförderung): Ottawa-Charta zur Gesundheitsförderung, 1986, übersetzt von Helmut Hildebrandt und Ilona Kickbusch, unter http://www.euro.who.int/AboutWHO/Policy/20010827_2?language=German, [01.04.06]

Bildquellenverzeichnis

Sachwortverzeichnis